imaginist

想象另一种可能

理
想
国

imaginist

中國文化的精神

许倬云 著

九州出版社
JIUZHOUPRESS

图书在版编目(CIP)数据

中国文化的精神 / 许倬云著 . —北京 : 九州出版社 , 2018.10 (2021.11 重印)
ISBN 978-7-5108-6101-7
Ⅰ . ①中… Ⅱ . ①许… Ⅲ . ①中华文化－研究
Ⅳ . ① K203

中国版本图书馆 CIP 数据核字 (2018) 第 228824 号

中国文化的精神

作　　者　许倬云 著
出版发行　九州出版社
地　　址　北京市西城区阜外大街甲35号（100037）
发行电话　（010）68992190/3/5/6
网　　址　www.jiuzhoupress.com
电子信箱　jiuzhou@jiuzhoupress.com
印　　刷　山东韵杰文化科技有限公司
开　　本　880mm × 1230mm 1/32
印　　张　9.25
字　　数　185千
版　　次　2018年11月第1版
印　　次　2021年11月第7次印刷
书　　号　ISBN 978-7-5108-6101-7
定　　价　56.00元

献词

谨以本书呈献给先父母，表达对他们的思念。

先父伯翔府君（讳凤藻），先母章太夫人（讳舜英），出生于庚子、甲午，中国二度大败之间。他们那一代中国的读书人，秉受中国传统文化的教育。本书所叙述的传统文化的精神，渗透于他们那一代中国人的血脉和心智之中。

那一代的中国读书人，终身的志业，都奉献给中国的文化，将已经败坏和遗忘的传统，提炼其精粹，以维持他们自己的精神生命，并以如此精神，终身努力，迎接起源于西方的现代文明。他们盼望中国能顺利地过渡文化转接，并由此改造，达致中国长久存在，民生富足，安定和平。但是在他们一辈子之中，百年之久，战乱频仍。外国的侵略，国内的斗争，一波又一波的灾难，使他们建立的基业，寸寸断裂，他们之中，不少人也以身殉。

他们是五千年文化的最后一批精华。他们交托的任务，我们这一代还没有完成。忝为儿孙，能否继承他们的心愿？这是我们这一代的责任。

本书内容，是想以有限的篇幅，传达无限的崇敬。也将伟大文明的精神，以最通俗的语言，留给我们的子孙。

这一本书陈述的理念，不是文字与词句，而是父母一代以自己寄生托命的文化资源，交托给我们这一代，留给我们，再转移于世世代代的中国人。希望未来的中国人吸取遗产，发扬光大，使中国文化的精神，不断更新，充实延续，俾得现代文明在中国茁壮，融合过去和现代，作为人类文明的重要成分，全体人类，有此依托，共同戮力，跻于大同。

许倬云 叩呈

目 录

导　读　生活肌肤中的中国文化 / 许纪霖　/ i

解　题　复杂的历史变奏　/ 001

前　言　寻找中国文化的精神　/ 007

第一章　时空中的生活美学　/ 019

第二章　天地人神的世界　/ 035

第三章　神鬼故事的传说　/ 051

第四章　多元互动的秩序　/ 073

第五章　永远变化的宇宙　/ 093

第六章　生命存在的意义　/ 123

第七章　守护人间的众神　/ 147

第八章　世俗化的宗教　/ 175

第九章　共生共存的人际网络　/ 203

第十章　小说传达的境界　/ 221

后　言　中国文化的新生　/ 263

导读

生活肌肤中的中国文化

许纪霖

许倬云先生是中国史研究的大家，他的西周史、春秋战国与汉代的社会史研究独步天下，但影响更大的是他打通中西、纵观古今的通史研究。大师写专著不难，但写小书，却没有几位能够做到。近二十年来，许先生的《万古江河：中国历史文化的转折与开展》《历史大脉络》《我者与他者：中国历史上的内外分际》《说中国》及《许倬云看历史系列》等，成为脍炙人口的畅销读物。不要以为这类读物好写，只有学问到了炉火纯青、阅历通透人情世故、人生看尽江山沧桑的时候，方能够化繁为简，将历史深层的智慧以大白话的方式和盘托出。有学问的专家不谓不多，但有智慧的大家实在太少，而许先生，就是当今在世的大智者之一。

许先生的著作，气象与格局都很大，这与他的内心拥有家国天下的大关怀有关。1999 年我在香港中文大学工作的时候，第一次与许先生相识。那一年，他在中大历史系客座。有一天，他将我召到他的办公室，不谈具体的学问，而是与我讨论当今世界文化出现的大问题，这些问题令他感到深深的焦虑，不吐不快。近二十年后，当我阅读许先生的这本新著，发现这些问题依然盘桓在他内心，弥久而不散。他在书的开篇就说："二十一世纪的世界，似乎正在与过去人类的历史脱节。我们的进步，似乎是搭上了死亡列车，正加速度地奔向毁灭。套用狄更斯在《双城记》中说的话：'我们是在最美好的时代，我们也在最无望的时代。'"除了世界，他最关心的是自然是中国。随着在经济上的崛起和社会日趋世俗化，中国发生了前所未有的变化，在社会文化层面，已经完全不是中国传统的面貌。

忧心忡忡的许先生，觉得历史的颠簸和挫折，使得中国文明丢失了不少本来有的好传统。他决意写一本书，重新反省中国文明，看看是否还有剩下的一些余沥，足以挹注和灌溉正处于危机中的现代文明。于是，他将书名定为"中国文化的精神"。

关于中国文化的精神，自五四以来的一个世纪，已经有许多讨论，几乎所有的文化大家，都有自己的论述。许先生这本书，依然有自己独特的视角。文化有大传统与小传统之分，以往对中国文化的阐述，大都从儒道佛经典的大传统层面检讨，成绩斐然；然而，许先生观察中国文化的法眼，却从小传统进入，不是从精英的观念，而是从一般普通民众的态度，即他们的安身立命、处事做人的原则，考察日常生活形态中的中国文化。许先生说："从开天辟地以至江湖豪侠，从男女私情到精怪现象，涵盖的范围看上去似乎凌乱，却也代表了中国一般老百姓的喜恶和褒贬。一般老百姓，很少会在谈话时引用四书五经、二十四正史，他们的历史观，就是这些故事串联在一起的一套评价体系。"这一研究方法，与法国年鉴学派提倡的心态史研究，有异曲同工之妙，都是眼光往下，从民众的日常生活和不自觉的人格心态之中，发掘文化的本相。许先生的社会史和考古学的知识以及饱满的生活实感，让他得以在神话、传说、小说、祭祀、文物、中医、卜卦、民间信仰等多种文本中自由行走，展示的是一个活生生的、日常生活中的中国文化。

要寻找中国文化的精神所在，首先要立足于与西方的比较。许先生指出，与西方基督教文化以神为中心不同，中国文化以人为中心。但这个"人"，又与文艺复兴之后的人不同，不是超越了宇宙万物的孤独的、自主的个人，而是与天地同等的人。从中国的造人神话，到董仲舒的阴阳五行宇宙论，天地人是宇宙最重要的三个元素，三者之间不是相隔，而是互相统摄，人在天地之中，天地亦被人化。董仲舒的天人感应之说，在中国人的心里，始终成为主导的潜台词。即使中国人接受了外来的佛教、袄教及摩尼教，但仍以天人感应的理念融化于其中，组织成海纳百川的中国观念。

与西方不同的是，中国人的宇宙秩序，包括创世的传说与各种信仰，并没有特定的大神主宰一切，而是由众神构成一个大的神圣总体。中国民俗信仰这一特色，和犹太基督教将宇宙一切的变化归之于神的意志，两者之间，有极大的不同。中国人的观念，宇宙运行的“运”和“势”，是宇宙系统各种元素自在作用的结果，在这个有机的宇宙系统之内，人如果能够掌握“运”和“势”的大方向，就能够顺势而为，因此获得宇宙能量赋予的最大福祉。

许先生以中医学和烹饪学为例，说明中国人讲究的“五味”（甜、酸、苦、辣、咸）相当于“五行”（水、火、金、木、土），本身无所谓好坏，最重要的是相互的平衡和对冲。综合太极、八卦、堪舆、奇门，这些民俗的智慧是将数字与图形组织成一个有机的宇宙。在这个宇宙模式之中，各个部分存在着互生互克的有机联系，宇宙不借造物主的外力，自生自灭，生生不息，发展变化。

宇宙的这一有机性，也体现在人自身。许先生在书中提到，王阳明在《传习录》中将人的精、气、神视为同一回事：“流行为气、凝聚为精、妙用为神。”也就是说，“精”是生命的本体，“神”是生命中呈现的理性和感性，而“气”是将生命之能量发布于各处。

一个民族的文化精神最重要的，莫过于对生命意义的独特理解，而这又与民族的宗教信仰有关。因为儒家是一种人文学说，而历史上的中国，又以儒学修身齐家治国平天下，因此，长期以来中国一直被认为是一个缺乏宗教性的国家。这种看法既对也不对。如果将宗教理解为像西方一神教那样的制度性宗教，中国人的宗教观念自然很淡。但美国研究中国宗教的权威学者杨庆堃先生将中国的宗教视为一种与西方迥然不同的弥散性宗教，那么中国人的宗教就有其特色了。许先生在书中对中国的弥散性宗教的特色有非常出色的阐述和发挥。他说，中国的宗教信仰，有神祇和祖灵两套主题。在民间社会，对包括儒道佛在内的各路神祇的信仰和对祖宗先人的崇拜，构成了一个热热闹闹的神灵世界。中国人的宗教情绪，并不一定依附在建制性的宗教系统及其有关仪式，而是普遍地融合与包含在日常生活之中。从生和死的问题，延伸为祖先的记忆，凝聚许多个人为宗族团体，而宗族与宗族之间，又有千丝万缕的亲情成分，由此构成了一个有机的中国社会，这个社会是由血缘、信缘与地缘三种关系网络交错而成的。

首先是血缘关系。许先生认为：在人间伦理方面，一个族群的延长，是父子祖孙相承的亲缘系统。从《诗经》时代开始，中国人对于亲子之间的亲密关系，就是从幼儿时代的感情成分开展。儒家坚信，“人之初，性本善”，人性善的核心，乃孟子所说的恻隐之心，从恻隐之心延展为羞耻、辞让和是非之心，成为仁、义、礼、智的源头。从心理学上着眼，将心比心，则以生理的亲子之情作为基础，建构人间社会众人共存的基本原则。

这一血缘为本的文化，也塑造了中国人独特的生死观。生与死，是人生最本质的问题。许先生指出，中国人的生命观，并不是将生、死割裂两节；放在家族的血缘脉络之中，生和死是连续的，也只有将一代又一代的生命连成一串，才能慎终追远。一个个个体的生命，串联成一个群体的生命，成为整个家族乃至整个民族的生命延续。个人的死亡，只不过是下一代“生”的转换。在中国人的观念当中，整体的生命是两条线，一条是对延续的盼望，一条是对过去的忆念。两者是平行的长流。于是，死后的境界乃死前生活的延续，生前具有的一些人际关系，在死后照旧延续。这两条并行线就是生命和死亡，使现在与过去永远平行、纠缠不断。这一基于宗法血缘家族的独特生死观，与西方的个人独立面对上帝的生死观，以及佛教的生死轮回观，有很大的不同。中国人为子孙后代而活着、为千秋万代造福，同时行事做人要对得起祖宗，不辱没先人，个人的生命意义与死后的价值，都与血缘家族的传承联系在一起。

其次是信缘。许先生指出：“中国的宗教信仰与西方犹太基督信仰的最大差别，乃在于中国人将宗教情绪及与其有关的仪式，都融合在日常生活之中。”西方的基督教“因信称义”，强调的是“信不信”，但中国的宗教具有实用性，如杨庆堃先生所说，乃“神人互惠”，关心的是“灵不灵”。只要是能够保佑自己以及家人，哪家菩萨和神仙灵验，就拜哪路大神。

因为具有实用性，所以中国的宗教不像犹太教、基督教与伊斯兰教这些一神教，坚信只有自己的神是唯一的真神，这个神主宰宇宙自然、世间万物与每个人的生死苦乐。他们都相信末世，相信善恶是非、黑白分明，当末世来临之际，一切都将在神面前得到无情的审判。因此，在西方的历史上常常发生宗教战争。中国人对世界的理解是一个多神共治的世界，儒家的孔子、佛教的观音、道教的太上老君以及关公、吕洞宾、土地神等，彼此之间可以相安无事，放在一个寺庙里面祭祀。许先生在书中提到，他的家乡无锡，各路寺庙尚有一定分别，佛教是佛教、道教是道教，地方上纪念的人物，按其性质和事迹，各有各的寺庙。但在台湾，却是相当程度的混杂，一家寺庙，几乎没有例外，都会成为许多不同神明的共同奉祀之地。他以台北著名的万华龙山寺为例，诸位神祇，包括佛、道、儒三教皆在祭祀之列，神明众多，功能复杂。这充分体现了东方宗教的多神性，与西方的一神教传统迥然有别。

西方的宗教是一个神圣的世界，与世俗的现实世界构成严峻的对立与紧张。但中国的神圣与世俗这两个世界却没有严格的界限，神圣在世俗之中，世俗有神圣的庇护。许先生说："中国人的宗教信仰，无论佛、道或其混合教派，在近百余年均呈现淑世的趋向，亦即杨庆堃指陈的'世俗化'，从理论的阐述转化为虔敬与实践，由寻求出世的解脱转向入世的救助与扶掖世人。"这些年在台湾与大陆发展很快的星云法师所主持的佛光山与证严法师所主持的慈济会都具有“人间宗教”的性质，扶弱救贫，广布慈善，与西方一神教注重个人的信仰、心灵的虔诚形成了鲜明的对照。

然而，西方的一神教传统在中国历史上并非毫无影响。许先生指出，到了魏晋隋唐，中亚和内亚的各种一神教：袄教、摩尼教、景教等都随着胡人的足迹进入中国，它们并没有为士大夫精英所接受，却沉淀在民间，为民间信仰所吸收，演化为中国的启示性宗教。宋代方腊的“吃菜事魔”教派、元明两代的白莲教、晚清的拜上帝会等，都吸收了一神教的观念和仪式。这一个寄生于民间底层的信仰，其实从来没有中断，只是在各时代以不同名称出现。中国的老百姓平时都是多神教信徒，到了揭竿而起之时，皆拜倒于一神教之下，膜拜于一个至高无上的真神与权威，足见中国的一神教并非到了二十世纪之后才出现的现象，其实在古代中国的民间信仰之中就有渊源可循。

最后是地缘。许先生在书中说：“人类是群居的动物，单个的人没有虎豹的爪牙，没有马和羊的奔跑速度，也没有大象、犀牛的大体积，也不能上天入水，如果没有集体的组织，人类在这地球上根本没有和其他生物竞争的能力。正因为人类可以合作，才终于主宰了这个地球，奴役了其他的生物。”在各种人际关系之中，中国人除了宗法血缘，最注重的是乡缘。以乡土为中心，将各种不同的亲缘关系网络、混合类亲缘关系网络以及信缘关系编织为更庞大的地方组织，这是传统中国权力结构中很重要的一环。许先生指出：虽然中国号称是大一统的帝国体制，自古以来，中央的权力其实不大，真正的治理实体是在地方。日常事务的管理，其实不在县衙门，而是在民间。宋代以来形成的地方士绅，是地方的头面人物，也是民间秩序的治理主体。

费孝通先生在《乡土中国》之中提出一个理解中国民间社会的重要概念即差序格局，许先生在书中对差序格局有进一步的阐释与发挥。他说：差序格局的延伸，是从亲缘延伸到地缘，每一个人在这大网络之内，有所归属，依靠网络解决自己的问题，也凭借网络贡献自己的力量。在差序格局之中，个人既有权利，也有义务；个人要自我约束，明白个人是社群的一部分。然而，个人也不是完全由社群支配。个人主义与社群主义得到某种重叠，这种个人到社群的延长线，是开展的，不是断裂的。个人对社群的尽力，与他从社群中得到的保障互为因果，互相依附。许先生认为，中国传统之中的这一差序格局的特色，与今日西方文明中个人主义的极度发展形成了鲜明的对比。中国社会如今也出现了西方式的“原子化的个人”的现象，个人的孤独和社群的涣散成为当代社会之痛。而适当回归中国文化中的社群主义精神，可以救济个人主义的孤独，形塑一个既有个人自主性、又有社群向心力的健康社会。

许先生在美国工作与生活多年，深切感受西方文化的长处与不足；同时经常回国的他，又对海峡两岸的现代变迁有细致的了解。在书中，他说了一段意味深长的话："二十一世纪的中国人，深受以西方文化为主轴的现代文明影响，却又依然置身西方文化之外。今天，欧美现代文明本身正在剧变的前夜。他们面临的问题，例如人与人之间的疏离、人与自然之间的分割，凡此种种危机，如果从源头看，西方文明本身很难有解除这些困惑的资源。"他提出："中国文化以人为主体的特性，以及人与自然密切相关的依附关系，也许可以当作他山之石。将中国常民文化的特色，融入现代文明之中，或可匡救现代文明的困难。"

一百年前，梁启超先生在《欧游心影录》中提出了"中国人对世界文明的大责任"，同样怀有家国天下情怀的许倬云先生，从人类未来发展的大视野中，看到了中国文化贡献于世界文明的可能性空间。中国文化的精神不是孤独的、抽象的理念，它存在于华夏历史的肌肤之中，浸润于亿万百姓的日常生活。只要民族不亡，生命永续，中国文化的精神也将继续薪火流传下去，成为全人类不可或缺的重要文明之一。

解 题

复杂的历史变奏

本书讨论的是一个非常复杂的课题，所以分成十章，从各个角度讨论中国人的精神生活。由于章节繁多，而且各章之间互相关联，无法完全切断，读者阅读时可能会产生混乱之感。这个解题，只是提出线索，帮助读者理解各章之间的关系以及整本书的总体面貌。

在前言中，我先提到冯友兰和费孝通两位先生曾经就这个题目所做的努力。冯先生写作“贞元六书”，目的是在抗战结束后的大乱之余，努力尝试建构一个中国人在现代的宇宙观和人生观。他的工作，是以哲学家的角度处理中国的思想史，及由此延伸出来的新观念。费先生的工作，则是从社会学的田野考察，呈现中国人的社区、社群这两个结构，并思考其如何结合成一个共同体。我的尝试，则是从他们二位先生的基础上出发，希望能够厘清从传统延续到今天，一般中国人对于宇宙、人生和自然所持有的观念。这些观念，也就会影响他们安身立命、处事做人的原则。我从普通民众的角度来看这些问题，当然与哲学家、思想家、宗教家们自上而下精微细密的讨论有所不同。庶民所持的精神生活观念笼统地继承了传统，在继承到实践之间，他们会有所拣选，也有所阐释。庶民所持有的观念，与学者高头讲章的精微细密不能同日而语。但这些笼统的原则却结合成了一个整体。庶民间相互传授和解释的文化，具体而深入地影响了中国大部分老百姓，影响到他们所理解的自身与自然的关系，自己与他人之间的关系，以及个体与群体的关系。第一章中，我着重阐述了中国人的生活，他们在天地自然这个大时空中的生活节律，及其与我们的文化、文学等各方面的关系。这构成了理解中国人精神生活的宏观背景。

在第二章里，我提出中国人的精神生活，是围绕着作为“人”的观念来展开的。中国文化传统的这一角度，的确与犹太–基督教系统的西方文化以“神”为主的取向大相径庭。从这个角度，我希望读者也同时看到，第三章的“传说”部分与第二章也有相当的关系。中国传说中的创世记——盘古开天地，那是宇宙自发自成的过程，并没有一个超越其上的造物主。盘古本身的肢体化为山川河流，盘古顶开的天和地，就是苍天和大地。盘古并没有被创造，也没有在宇宙出现以后继续管理和支配宇宙。宇宙的创造者和宇宙本身是一体的，中国和西方的这一点歧异，决定了两个文化系统里处世、为人、安身立命的立足点都有所不同：中国是以“人”为主体，犹太–基督教系统则是以“神”为主体。

第二章和第三章，讨论到中国人的宇宙观。这宇宙观始于春秋时代，即所谓中国文化的轴心时代，将自然崇拜和祖灵崇拜结合为一，也就是将自然人生合组为一个空间系统，从上有天、地、日、月延伸到人间，然后又深入到人体内部，建构一个四个层次的大网络。在时间上，将过去和现在以及人生的生前和死后，建构为一个不断流变的过程。空间和时间配合为一巨大的系统，其中各个部分则有多元性的互动；多元的成分之间，既有结构中各个层次的互动，也特别标出若干因素——例如阴阳、五行等个别的变数，将广宇长宙看作一个各部分和各因素互动的秩序。

第四章讨论互动秩序中，永远在变动、由变动趋于均衡的宇宙——本体就是过程，过程也就是本体，二者无法分割。配合着第三章所说，其中许多变数，与这一章讨论的变化之中每一阶段形成的平衡状态都是一时的；变量之间，每一个项目不能过强，也不能过弱。同样，变化不断地进行，每个阶段的停格也不能停留太久。于是稳定和僵固之间，变动与活力之间，都有一定的时间限制，没有永恒存在的形态，也不能无所趋向地永远变化。第四章和第五章，其陈述的观念都直接地反映于我们的日常生活，所以在第四章中，我以饮食、医药等多元配合作为例证。在第五章中，则以八卦、奇门、命相、风水等来解读中国人的行为——他们以这些类科学或是拟科学的思考，设法在人与自然之间取得一些“人”的主动权。

第六章和前面的第一章，都讨论到生命本身及其存在和运行的意义。第六章中的重点是将生命看作许多个体生命，从父母生我开始，直至自己身故之后，延伸进入另外一个世界——那个死亡后的世界，其实还是这个现实世界的延续：这是线性时间轴的意义。而在第一章讨论美学的部分，则着重于自然空间中人与自然的关系，二者彼此的契合与呼应。农业文化的生产过程必须与季节同步，也必须与自然环境相匹配。既然人与自然彼此密切相关，于是在传说方面，宇宙万物都可以有生命。山神水怪、蛇精狐仙等都是人的翻版，在吸收天地的精华后，他们都能够转化为人身。

第七章和第八章，也是互相关联的两个部分。第七章讨论的是今天中国人的社会——以我所熟悉的台湾社会作为例证，陈述常民借由祭祀活动对各种自然现象的认知。过去有功德于人间的人物，都成为密切相关的崇拜对象。第八章的主题则是厘清建制性宗教——儒、道、佛这几个思想系统，以及其中的一些个别教派——它们如何互相影响、互相调节，以及不断地吸收其他信仰因素。例如，三世的观念、救赎与启示的观念，最后则融入今天台湾和香港社会中，成为中国老百姓实践的俗世信仰的一部分。

第九章是从战前中国的传统社会切入，探讨人们如何处理社区、社群中的种种事务，俾使能够彼此互助、照应，救济不足，以保持社群的长期稳定。经由中国人共同持有的价值观，基于中国人的精神生活，能够使得我们将自己的人生价值，落实到个人与群体之间的密切、和谐的融合这一具体行为之中。

最后一章，则是从传说和美学延伸为对小说的讨论。这一章的内容，与本书所谓常民信仰的基本立场略有不同。小说是由个别作者撰写的作品，虽然这些作者未必都属于知识阶层的精英，但终究还是以他个人的角度看世界、看人生，看人间的百态。他们的观点和论述，毋宁是属于他们自己专有，并不一定全部是普通民众所共有。为此，我尽量选择比较通俗的作品，如《水浒传》《三国演义》和种种公案小说，以及已经融入戏剧和常识的一些名著。我所选的这些个例，都是已经在中国文化中长久流传的作品，读者众多。其通俗的部分，也可以当作常民文化的共同资产了。虽然这一部分与前面各章的性质略有歧异——其所理解的中国文化的特色多少属于著者个人，但终究也已是大家共有的成分了。

至于后言，我的想法是：二十一世纪的中国人，深受以西方文化为主轴的现代文明影响，却又依然置身西方文化之外。今天，欧美现代文明本身正处于剧变的前夜。他们面临的问题，例如人与人之间的疏离、人与自然之间的分割……凡此种种危机，如果从源头看，西方文明本身很难有解除这些困境的资源。于是，在后言之中，一方面总结本书各章所陈述的现象；同时提出：中国文化以人为主体的特性，以及人与自然密切相关的依附关系，也许可以当作他山之石。将中国常民文化的特色，融入现代文明之中，或可匡救现代文明的困难。区区管见，能否有用？然而，至少许此宏愿，犹如精卫填海、愚公移山，得失不在计较。

前言

寻找中国文化的精神

每天打开报纸，读到的新闻，很难得不是灾害或者悲剧。国在攻击国，人在伤害人。一神教的信仰，指责其他异教徒为没有信仰的人；一神信仰之中，不同宗教互相指责，彼此伤害。多民族的国家之内，不同肤色、不同信仰的族群，甚至不同方言的族群，都彼此排斥。逃避灾害者，一船一船，一车一车，在逃亡途中死于非命。也有一些逃亡者，是为了逃离饥饿和贫穷，希望能在另外一个地方，获得求生的机会。可是，在寻找求生之途的边界上，他们面临的是封杀、逮捕、驱逐出境。在同一个国内，贫富之间差距正在扩大。在历史上，贫富者之间，拥有大片土地者与没有土地者之间，其生活形态还是相差不多。今天，任何国家之内的富豪，与中产阶级之间已经过着完全不同的日子；更不用说同一个国家之内的贫穷者，他们不仅生活朝不保夕，而且永无翻身之日。

近代的世界经过工业革命这一轮发展，生产力剧增。近年来新科技的发展，又将各种资源的应用发挥到极点。科学的探索，使我们对宇宙、对生命都有新的理解。新发明的各种药物，除了不能使人类永保长生不死外，几乎没有不能治的疾病。人类的生活，总体而言，比过去任何时期都更为舒适方便。与此同时，由于卫生条件的改善和疾病的逐渐减少，人类人口在一个世纪内从十三亿增加到六十五亿。地球上的资源经过开发，虽然增加了不少新的项目，但我们是在急剧地消费——人类寄命托生的地球，将要无法供给目前人口，更不论人口还在继续增加。为了生存，人类将要面临更剧烈的竞争。不仅人与人之间要争夺有限的维生资源，族群与族群之间或许也要经历垄断已有生活资源的阶段。为了生活的舒适，人类改变了地球的气候，却加速了地球整体的改变，以致地球的环境正在走向衰竭。生物种类，因为人类垄断维生环境，正在急遽减少甚至消灭。“皮之不存，毛将焉附”，将来人类可能发现，他们身处的地球，已经不可能维持自己种属的生存。

二十一世纪的世界，似乎正在与过去人类的历史脱节。我们的进步，似乎是搭上了死亡列车，正加速度地奔向毁灭。套用狄更斯在《双城记》中说的话：“我们是在最美好的时代，我们也在最无望的时代。”在这大环境下，中国人的世界，也正在面临剧变。中国以人为中心的社会，以人际关系建构的秩序和伦理，本来与以人与人之间竞争作为基本假设的西方世界有很大的不同。一百多年前，西方挟其武备和经济的强大势力取得世界的霸权。中国文化笼罩下的东方，以农业生产为基础和以安定为要求的社会理想，已难有生存空间，于是不得不尽力模仿西方。中国文化笼罩的世界中，日本以“脱亚入欧”的口号，学习西方惟妙惟肖；而且，日本立刻效法西方，也以经济和武力掠夺侵略中国。

在现代化的口号下，中国人经过了三次革命，又经过了二十世纪早期的新文化运动，也努力将自己转变为西方。二十世纪中期，中国经过翻天覆地的大改变，建立新的政权。今天的中国，在经济和军事势力上已经不可轻视。可是，在社会文化层面尤其个人行为方面，现在的中国已经完全不是中国传统的面貌。为了现实考虑，很多人不顾一切追逐利益。中国人强悍，也许是发展的动力，但也往往会伤害别人而不自觉。人与人之间的冷漠将会使中国社会断裂崩解。中国人对于环境的毁坏，也往往揠苗助长，竭泽而渔；有一日，中国可能成为一片荒漠。如果人类四分之一的人口成为野蛮人，世界六分之一的土地成为荒漠，中国人何以自处？又将是人类多大的灾害？

而实际上号称要尽力维持中国文化的台湾，其西方化进行的速度和深度，已经使得台湾保留的中国文化痕迹愈益稀薄。心理上的不安定，使得台湾一般青年丧失了追求大方向的胸怀，只寻求今天的安定和舒适。一个不关心未来的地方，将没有办法在迅速改变的世界上求得立足之地。

经过上述几次内部的政治革命，尤其二十世纪内中国经历新文化运动和“文化大革命”，及两次文化观念上的转变，中国人究竟将何去何从？今天的西方，本身也正在面临急遽的改变：基督教信仰笼罩的近代社会，经历了近代科学与工业的发展，原来依附在基督教信仰上的资本主义，逐渐脱离基督信仰的本质，呈现为追求财富和权力的新信仰。资本主义与社会之间的斗争，两败俱伤。近代社会已经发生急剧变化：个人主义高涨下，人与人之间彼此疏离、互不关心，于是社会近于涣散。

一个世纪来，中国人学习的对象，那个曾经辉煌的西方世界却已迷茫不知方向，势将面临分崩离析。中国人将何去何从？然而，中国发展的形态和方向，将影响到世界整体的前途。本书，想从检讨过去和目前，提出一些我们该注意的问题并供大家思考。这也许对于我们寻找自己，重建自己的社会，能尽一些提醒的努力。

这一份心愿，已经许下去很久，但是因为限于能力一直没有下手。最早启发我的作品，是冯友兰在抗战期间撰写的“贞元六书”，即《新理学》《新事论》《新世训》《新原人》《新原道》《新知言》六篇。这六篇著作，从 1939 年到 1946 年陆续出版，其内容就是尝试为中国文化的精神部分检讨诊脉，由此提示新的出路。从上述出版年份来看，这是抗战时期的著作，第一篇发表的时间是抗战第三年，最后一篇发表的时间则是抗战胜利后的第一年。那个时代，正是中国由生死存亡之际艰苦挣扎，终于熬到国土重光的阶段。在战争期间，艰难困苦，存亡未知，可是为了国家民族，更为了中国文化的延续，知识分子当时可以在警报声中、防空洞口、大树底下，弦歌不断，希冀中国的文化种子不因此而中断。冯友兰执教清华大学，因为家学渊源，研究中国的文化根底很深，又在美国留学，专治西方哲学，对于西方的学问也有深入研究。这六篇文章，是他努力检讨中国文化渊源，也设想如何使中国文化与世界文化接轨的综合作品。其中，《新理学》《新原道》和《新世训》，都相当专注地重新阐释中国哲学传统，也尽力设法融合儒、道、佛三家思想，既有批判，也有新解；《新事论》和《新原人》，则相当程度地注意到中国人新时代应有的伦理观念。

冯先生的著作在当时引起极大的反响。哲学家们各以其学派的观念和方法论，对冯先生的综合理论有相当的批评。然而，一般知识分子都深深感觉，这六篇著作承前启后、继往开来，对于中国即将复兴的局面有相当重要的启示作用。很快，中国内战、政权转移，冯先生以形而上学的立场所做的研究，与新政权的唯物主义格格难以兼容。在政治权力压迫之下，冯先生不得不牵藤补屋，将唯物主义和唯心主义作一番糅合。这个努力其实相当困难，而冯先生得到的结果也很难取信于读者。于是，本来的“贞元六书”竟不再被人注意。

在海内外，牟宗三、唐君毅等先生，延续熊十力先生提示的线索，希望重建儒学。世人对他们的注意，现在已经超过对于“贞元六书”的讨论。

其实，凡此课题，正是我们现代人都应该注视审思的问题。目前我的这本小书，也是尝试在这个方向寻找途径。只是，冯先生的著作是哲学的研究，其中有不少的部分是非常精微的讨论：区分中国传统哲学中不同学派之间的差异，包括理学、心学的差别，也包括儒家、道家之间的差别以及彼此的影响。学理上的研讨，作为哲学著作是必要的，然而对于一般读者而言却不容易吸收，更不容易转化为自己思想的指标。对于哲学我是门外汉，没有参加辩论的资格。此处提到冯著，应是回忆抗战时期的兵荒马乱之下还能产生此等著作，正是反映中国人百年困惑，以至危亡之际还将这一学术课题作如此认真的思考。

同时，冯先生所处的时代与今天的时代已经不同。以现代科学发展的情形而论，冯先生对科学的理解，大致还是在牛顿力学的宇宙论下面。今天的科学思维的背景，则是相对论和量子力学的宇宙论。其实，相较于十九、二十世纪的绝对理论，今天的科学思想和中国传统思想之间，似乎更有互相接轨的可能。最近半个世纪以来，经济全球化引发的文化全球化也带来了新的局面。与二十世纪时代的国家主义相比，今天的全球化，骎骎然要以更广阔的全球化观念代替尔疆我界的国族主义。当时，冯先生怀抱强烈的文化民族主义，在国家危亡之际有如此情操也是自然的反应。甚至，他在后来屈从于种种压力，也是由于“国”“家”“民”“族”这四个大字——在须弥山的巨大压力下，他难得再有别的选择。对于他这一代中国读书人的遭遇，我们只有悲悯。“千古艰难唯一死，伤心岂独息夫人”，言念及此，能不垂泪？

当今这些新的局面，代表了完全不同的未来展望，以致“贞元六书”所陈述的大方向，以及提示的新人类精神，与当下都不太能够相符了。我以后生小子，居然在“贞元六书”之后，还能写这本小书，哪敢挑战冯先生的经纬大作？区区盼望，在新的世界文化将要逼人而来的时刻，更作一番检讨。我自己接受的专业训练不在哲学范畴，多少年来慢慢地累积，我的研习方向都在社会学、人类学和考古学方面。这些学科，是在人类的具体生活、日常经验方面，而不是在形而上的思考。十五岁时，冯先生的“六书”对于我的认知有深刻的影响。七十年来，阅读这“六书”的感受，还是时常让我感慨不已。然而，我必须要从自己的专业方向——不从哲学思辨而从考察普通人所思所想——摸索另一途径，重新检讨中国文化中庶民百姓的精神层面。

现代的社会学能在中国生根，吴文藻先生的引导功不可没。他有三位弟子，在中国社会学的研究方面分别有重要的著作。费孝通先生以“差序格局”这一概念陈述中国的人际关系——每个人都有一个自己的同心圆网络，从自己开始，扩散为各种不同的人际关系。与“差序格局”这个概念有密切关系者，则是费先生在《江村经济》一书中提出的市场与农业生产间的互应。许烺光先生对于家庭世系和世代传承的研究，提出了中国以人为中心而不以神为中心的时间延续线。杨庆堃先生对于民间信仰的研究，更是着重在人与神之间的关系：他认为这种关系乃以人为本，而且神界的秩序就是人间秩序的映照。他对于集镇到城市间的延续的研究，则是讨论中国人生活中社会空间的重要著作。后来，美国的学者施坚雅（William Skinner）在此基础上将其发扬光大，成为一时显学。杨先生对于神和经济的研究，可以说与上述费、许二位先生的研究有相当程度的叠合与呼应，这也说明，吴氏门下师兄弟间在观念和方法学上有互通之处。

我在上古史方面的学习，甚多借重于考古学的研究成果。在这个领域上，生产方式、生产能力与人的精神生活之间的关系，是考古学的重要项目。从漫长的古代，考古学方面提供的线索揭露了人类如何缔造一些“神间世界”的面貌。这一个过程，是宗教信徒甚至哲学家们较不注意之处。是人创造神还是神创造人？大概真只有在考古学上才可以找到一些答案。这一部分，也是本书追寻人类精神生活时与哲学家着眼点有很大差别之处。

在本书后面相当的部分，我会借重社会学家与考古学家的观察和理论，开展我自己的想法。因此，在这本书中，我的着眼点与冯先生的形而上学理论有相当的不同。这个“人间的精神”将是本书的重要立足之处。而且，我注重的“人间”两个字，乃意指最普通的百姓，他们不一定注意到古代学者的理论，却躲不开从这些理论上建构的一套社会秩序和人伦格局。因此，在我讨论的过程中，有一部分回溯到了中国传统文化，那一部分可能不是引经据典地讨论原典，而是撷取传统各家思想的综合成果，以其影响人间生活者为主要着眼点。

至于讨论到今天生活的文化环境，今天的中国，已经不能脱离现代西方文明笼罩的世界——海峡两岸，以及新加坡等处代表的海外华人思想，都孕育于现代文明的环境下。上面已经提到，现代文明重要的一环，乃现代科学呈现的宇宙观；另一重要的环节，则是工业革命后转化的资本主义经济，以及与它相颉颃的社会主义。这一个范畴内，近代的变化也极为巨大。经济生活与社会生活有密切关系，城市化是一个世界各处普遍呈现的发展方向。过去建立在农牧生产基础上的经济，有其相应的精神生活。今天既然已经有如此巨大的改变，我们规划现在和未来的精神生活时，这一巨大的转变也必须在考虑之内。

这个前言，是交代本书各节从何着眼以及如何建构。一些此处已经提到的条件和背景，在下文就不再重复，这是必须在前言中交代的。本书将要探索的项目，包括中国传统文化中对于宇宙的观念：宇宙本身内部的秩序、宇宙与人间的关系和宇宙在动静之间，如何趋于平衡？人类的精神生活，往往会有神圣（sacred）与世俗（profane）的两分，然而分野之际，究竟是对立还是互相感应？神圣的范围之中，哪些观念会以“拟人”的方式表现为神祇？对于神祇的盼望，世俗何以待之？这也是祭祀仪式所表现的实践。个人短暂生命和宇宙的无穷无限，如何有个相对的安置？换言之，生死之间究竟是断裂还是连续？神圣的超越价值，又如何在世俗之中表现为人与人之间的行为模式？宇宙内自然的部分——山川、草木、禽兽，人类又如何待之？在人间，个人彼此之间如何相待？从个人扩散到群体，其中各个阶层是连续还是因为断裂而对抗？人生有幸、有不幸，因此也有快意和失落，个人在此关头又如何自处？关于以上这些项目，在本书中，我将把日常生活（包括饮食、起居、医药、诗歌、艺术、文学等等）与“集体记忆”——例如传说，都当作庶民生活的史料，分别处理。至于章节的安排，可以从解题及目录中瞻见，此处就不多说了。

总结言之，我希望在本书中从中国文化在天、人、群、己，理想与现实间的各个角度，呈现这个长久传承的文化的特色。我以为，张载《西铭》所陈述的文化整体性，颇能借来表达我个人的理解："乾称父，坤称母；予兹藐焉，乃混然中处。故天地之塞，吾其体；天地之帅，吾其性。民，吾同胞；物，吾与也。大君者，吾父母宗子；其大臣，宗子之家相也。尊高年，所以长其长；慈孤弱，所以幼其幼。圣，其合德；贤，其秀也。凡天下疲癃残疾、惸独鳏寡，皆吾兄弟之颠连而无告者也。”

文天祥的《正气歌》，其开头的句子云："天地有正气，杂然赋流形。下则为河岳，上则为日星。于人曰浩然，沛乎塞苍冥。皇路当清夷，含和吐明庭。时穷节乃见，一一垂丹青。……是气所磅礴，凛烈万古存。当其贯日月，生死安足论。地维赖以立，天柱赖以尊。三纲实系命，道义为之根。"此中语句简单有力，传达了中国文化以宇宙的存在作为一切变化的本源。在宇宙不断趋于平衡的大格局中，人本身有理性、有良知，可以以自己的"心"映照、呈现宇宙本身的"正气"，这也是其存在的禀赋。从张、文二位的陈述我们可以理解，以儒家文化配合上佛、道二教在中国土地上的发展和演化来考察，始终是以"人"作为理解宇宙、阐释宇宙的本体。

这篇前言，与一般的序文不同，其目的是表达一己的意见，我盼望对于阅读本书的读者有所帮助，能够了解愚者之一得。私心默祷，我所陈述的中国文化还能继长增高，有益于全球化的未来，有益于人类共同建构一个没有偏见和冲突的世界文明。如果这个愿望能够实现，则本书不是招魂，而是迎接新文化的前驱喝道。

第一章

时空中的生活美学

中国文化，是以农业生产和农村聚落为基础的文明系统。自从新石器时代开始，中国就发展出了定居的耕种农业。战国以后，逐渐发展出精耕细作的小农制度。如同本书前言所说，中国的社会建立在差序格局的基础之上——人跟人之间有一定的义务和权利关系。同样，因为农业生产的缘故，人与自然的关系也非常密切，迥异于采集和游牧的文化，后者所处的自然空间是移动的，不像定居的村落，与其四周的环境会保持持久而密切的相关。在这种情况下，人与自然之间也有一定的互动。因此，本章将以人与自然之间的关系作为主题来展开讨论。

中国人制定的历法，与季节变化的周期有着惊人的一致性，这是农业文化必有的现象。中国古代记载中，有“月令”

一项。目前我们可见者，是据说从古代遗留下来的《夏小正》和《礼记》之中的《月令》，这两段记载大概还能反映战国到汉初的情况。汉代又有《四民月令》一书传世，记载了东汉农业形成的程序记事。这些材料，一般而言都包括每个月的天象，如某个星座在这个时候，位置于天中；也包括气象，例如寒冷、结冰、多雨、温暖等；以及物候，如什么作物开始成长了，什么植物成熟了，甚至也包括燕子来了、鸿雁去了、水獭抓鱼了、豺狼捕食了等。这些数据，对于气象学家而言，正是可以据此推测古代气候的原材料，颇能反映中国北方在汉代前后大概的生产条件。

中国古代的历法中，有每个月天象和物候的安排，《礼记·月令》就是这种农民历。下面举两个月的原文，作为例证：

> 孟春之月，日在营室，昏参中，旦尾中。……东风解冻，蛰虫始振，鱼上冰，獭祭鱼，鸿雁来。……是月也，天气下降，地气上腾，天地和同，草木萌动。王命布农事，命田舍东郊，皆修封疆，审端经术。善相丘陵、阪险、原隰土地所宜，五谷所殖，以教道民，必躬亲之。田事既饬，先定准直，农乃不惑。
>
> 仲春之月，日在奎，昏弧中，旦建星中。……始雨水，桃始华，仓庚鸣，鹰化为鸠。

除了《月令》，《诗经·豳风》的《七月》，以一个春秋时代庄园女工的生活为例，描述当时农庄的季节和活动。下面撷取三个月的叙述为例：

> 七月流火，八月萑苇。蚕月条桑，取彼斧斨。以伐远扬，猗彼女桑。七月鸣鵙，八月载绩。载玄载黄，我朱孔阳，为公子裳。
>
> 四月秀葽，五月鸣蜩。八月其获，十月陨萚。一之日于貉，取彼狐狸，为公子裘。二之日其同，载缵武功。言私其豵，献豜于公。
>
> 五月斯螽动股，六月莎鸡振羽。七月在野，八月在宇，九月在户，十月蟋蟀入我床下。穹窒熏鼠，塞向墐户。嗟我妇子，曰为改岁，入此室处。

这三段叙述，其中有两种历法的混合：七月、四月等，都是太阴月的次序；而“一之日”“二之日”则是从十月岁首开始，安排一年之中月份的次序。

这一段诗文虽然是文学作品，按照季节的次序，各章的排列错落有致，但也足够反映当时的人对于天下气候、物候的关系的理解。诗文中也提到庄园中的生活和相应的仪式与典礼，让我们可以理解一年四季的时序流转，及其与人事之间的密切关系。

中国历法，是阴阳合历，年度是太阳年，岁实一年为三百六十五又四分之一日；太阴年，一月朔策二十九又二分之一日，十二个月份加起来，比太阳年短些。于是，阴阳合历，兼顾了一年季节的安排，又以满月时当作“月半”，以月光还没出现当作每个月的第一日，以月光完全不见当作这个月的最后一日。

中国历法中的“二十四节气”，就是按照太阳年的长度分成十二个节和十二个气。这种农民历的安排至今还在使用，其次序如下：立春、雨水、惊蛰、春分、清明、谷雨；立夏、小满、芒种、夏至、小暑、大暑；立秋、处暑、白露、秋分、寒露、霜降；立冬、小雪、大雪、冬至、小寒、大寒。

二十四节气的安排，包括四项原则：其一是季节变化（立春、春分，立夏、夏至，立秋、秋分，立冬、冬至），其二是气温变化（小暑、大暑、处暑、小寒、大寒），其三是降水量的变化（雨水、谷雨、白露、寒露、霜降、小雪、大雪），其四是物候现象或农活的更替（惊蛰、清明、小满、芒种）。

可见，二十四节气囊括了季节、时序、农耕的物候和气候的变化。这些记载足以显示，中国人将大自然的时序看作生活中很重要的一环。而今日的城市生活，则远离了农耕，房屋密集，甚至还有空调设备——自然的环境、气候的变化、动植物的活动周期，都不在我们生活之中，于是，人对于大自然不再有与自身息息相关的关怀和观察。

回忆过去，农村生活是居住在田野之中，日出而作、日落而息，清晨到傍晚的种种自然变化规律着我们的生活。一年四季的变化，影响着我们农耕的条件，也影响整个社区的敦煌悬泉遗址出土西汉平帝元始五年颁布的《使者和中所督察诏书四时月令五十条》，释文及图版发表于《敦煌悬泉汉简释文选》,《文物》，2000 年第 5 期。

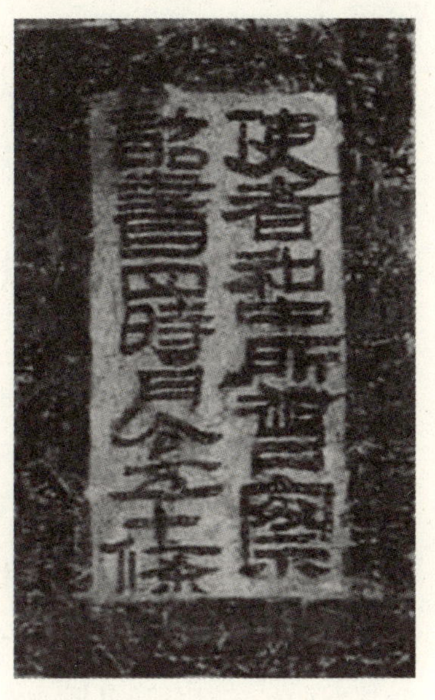

汉画像石荷塘渔猎图，拓片藏日本京都大学人文科学研究所，原石藏四川省博物馆。

经济。人的生存离不开四周的环境。黎明时刻，鸡鸣狗吠催促大家起床；工作时，也正是赶上林鸟齐飞——尤其中国北方，遍地都是乌鸦，我还记得成千上万的乌鸦从林间齐鸣的噪音。农田四周，各种禽兽和昆虫都在触手可及的距离。冬季太暖和时人虽然舒服，大家反而会担心，因为明春的作物可能就会遭遇虫害。假若夏、秋太干燥，人们就能预测：今年的收成会不足。一天工作结束，农夫回家，沿路都会和伙伴彼此交换对于自然的观察：乌鸦太多，是不是蜜蜂就少了？对我们的豆类和瓜类的收成，有多大的影响？最近牛在喘气，是不是天气太热？牛的耕作时间，是否改在黄昏以后，以补中午休息的工作？农村里面的长者，已经从工作中退休，可是他们还是经常交换意见，从经验中推测下一步的气候以及对于农业的影响。所谓“共话桑麻”，是农村日常生活之中不可缺少的经验。

在传统的中国社会，即使城居的生活，平房四周也会有一些园圃，用来种植常见的植物，甚至于中庭石板上，一般人家也会留下一些空地，种植花树、藤萝。到今天，北京的四合院往往还遗留着中庭的葡萄架，以及花缸、梅树、芭蕉等。我家在无锡的三进老宅旁边，有一个可以种植八百棵桑树的大桑园，族内各房都可以在桑园之中自辟一块菜圃，种植瓜、豆、菜、蔬。我们家的天井之中，四角都种有观赏植物；客厅和书房的窗外，一边是一株数百年的桂花树，花开时，金红盖过屋顶，香满四邻；另一边是一棵老梅树，在有限空间之中屈曲伸展，夭矫如龙。一些厢房窗外的小小天井只能透光，而在这密封的天井墙上，几乎处处攀附着老藤，曲折委婉，宛然一幅图画。有些人家，即便没有很多的园林空间，至少也会在案头供奉假山和盆栽，将大自然缩成微型置于眼前。春天，燕子来了；夏末，燕子去了。《红楼梦》中，林黛玉关心的大紫燕，在传统的城居中，几乎家家檐下都可见到。李清照所谓“绿肥红瘦”也是家常可见，即庭前的海棠、芭蕉、牡丹、竹丛等。

传统中国是农业国家，通常百分之八十多的人口是在农村中生活。他们综合了太阳、太阴这两个周期来安排自己的生活生产。除了月份和节气，他们还必须考虑不同作物生长的季节，以及自己完租纳税的时节——纳完了租税，余下的农作收获才是一般农业农民家庭的生活资源。于是，为了应付这些需要，有几个重要的节日成为一年中的几个大关口。第一个关口，是春季之后的第一个收获时节，即五月五日的“端午”。在华中以南，这是收获第一次农作物的时间，主要是蔬菜瓜果；在北方，则是秋天下种的麦子到这时候要收获了。

第二个关口，则是八月十五月圆之时，全国各地正处秋收之际。而且，因为空气干燥，没有水气的蒙蔽，秋天的月色特别明亮。在收获的时节，一家人经历了漫长的劳作以后，在一个凉爽的月夜，可以愉快地团聚，这就是中秋节。这一个时期，对于城镇中的商家而言也很重要，有的要准备接下来收购农产品的资本，也有的商家正在结算上半年的营收。

第三个关口，是农历的十二月，在古代称之为“腊”。古代的几个国家或皇朝，各有自己的“腊”，汉代的“腊”在十月，后世则大致定于十二月。腊是古代一年的开始，因为到了这个时候，以政府立场而言，下一年度的收入大概可以相当准确地估算出来；在这个时候，也可以编制下一年度的预算，结算这一整年的收获。这相当于今天会计年度的起头，前文所谓“一之日”“二之日”，其“一”“二”次序，就是会计年度的第一个月和第二个月。官方作如此的预算，商业行为也同样在十二月份准备结今年的总账，然后规划明年的营运策略。

“冬至”也就是相当于公历圣诞节前后一两天，以太阳年而论，这是昼日最短的一日，是太阳走到最靠南回归线的时候。农作物基本上都已经收获了，田地也已清理干净了，该卖的卖，该买的买，再过一个多月就是新年。所以，“冬至”既是收获的时节，也是一年忙碌过后可以喘气的时候。再下面，就是阴阳合历年度第一个月的第一天，即所谓的“新年”或是“新正”。在中国领土之内，除了南边沿海各省没有明显的季节差别，大部分地区，新年正是田野休息、农夫们也休息的唯一时期。

根据这些阴阳合历的年节周期，中国人安排一年周而复始的生活。相对于今日工业生产的社会来说，传统的农业国家对自然环境的依存度要高得多。一年周期变化决定了人们的生活，对中国农夫来说，每一个关口到另一个关口之间是他们必须密切感受的时序。在我记忆之中，端午、中秋、新年，都是一家团聚的日子。在外面工作的孩子回家了，在田地里工作的家人，有机会品尝自己辛苦耕耘的成果。对中国人和一些使用同样年历的东亚社会来说，这些节日的意义远胜于今天世界各处的圣诞节和新年。我还记得，甫能握笔的时候，每个识字的儿童，在冬至那天都会分到一张“九九消寒帖”，用以描红的空白字：“庭、前、垂、柳、珍、重、待、春、風”。从冬至第二天早上开始，每天在空格上按照笔序填上一个笔画——八十一天后，已是柳条垂丝，春天来了。对于传统中国的儿童，这就是一种注意时间的教育。中国人对于时间的敏感，也就是在这种环境之中培养出来的习惯。

中国人对季节的变化很敏感，对于那个季节之中花草树木的变化以及鸟兽的迁移行为也一样格外注意。于是，中国人对于大自然的感受，也成为生活之中不可分割的一部分。除前面所说季节性的节日以外，在文学和艺术领域，对自然界的感受与反应，也几乎成为不可分割的因素。下面我举司空图的《二十四诗品》数段作为例证。

纤秾

采采流水，蓬蓬远春。窈窕深谷，时见美人。碧桃满树，风日水滨。

柳阴路曲，流莺比邻。乘之愈往，识之愈真。如将不尽，与古为新。

沉着

绿林野屋，落日气清。脱巾独步，时闻鸟声。鸿雁不来，之子远行。

所思不远，若为平生。海风碧云，夜渚月明。如有佳语，大河前横。

清奇

娟娟群松，下有漪流。晴雪满汀，隔溪渔舟。可人如玉，步屧寻幽。

载瞻载止，空碧悠悠。神出古异，淡不可收。如月之曙，如气之秋。

悲慨

大风卷水，林木为摧。适苦欲死，招憩不来。百岁如流，富贵冷灰。

大道日丧，若为雄才。壮士拂剑，浩然弥哀。萧萧落叶，漏雨苍苔。

司空图是唐代的诗人，他将诗的风味和情景归纳为二十四个类型。在陈述每个类型的特色时，他并不用散文的叙述和解释，而是以韵文描述一种特定的情景，并以这个情景代表那一类文学作品的风格。在其他文明的文学中，这一种文学批评的方式也未尝没有。例如《圣经》中的雅歌和诗篇，有若干节也是相当类似的叙述方式。不过，在中国文学之中，诗词的韵文体，几乎都可以用自然环境里的情况和变化呈现作者本身想要传达的意境和感受。苏东坡评论王维作品的名言，“味摩诘之诗，诗中有画；观摩诘之画，画中有诗”（《东坡题跋》下卷《书摩诘蓝田烟雨图》），即十分扼要地陈述了诗画之间的相依相扶。

从上面的叙述可见，中国人对于自然与自身的关系是内外全盘融合，内心的情绪和外在可见的环境变化密不可分。时间和空间两个方向，也不是绝对二分的——时间的变化，随自然空间内事物的变化而显现。于是，时间、空间与人的个体生命，三者结合为息息相关的整体。在这个角度，我想举两位最伟大诗人的著作，说明诗人观察的自然界如何深切地反映广宇长宙，以及其间的种种意义。

王维有一对诗联：“大漠孤烟直，长河落日圆。”前面五个字，是一横一直，后面五字是在地平线上有一个大圆圈；大漠的形象是一片广漠的空间，长河的形象是无穷无止的时间上的流动。同时，草原上烟火直上云霄，必定是没有风而且干燥的季节，已经隐含了一种季节性的描述；落日是黄昏时候，在流动不拘的时间上，有一个具体的太阳起落的景象。这十个字的内涵，精简而有力。

李白的《忆秦娥》：“西风残照，汉家陵阙。”只有八个字，可是却具备了广阔的时间空间:"残照"是一天的时序,"西风"是季节的转换,"汉家"是朝代的兴亡,"陵阙"是生死的差异。寥寥八个字，隐括了不同时段的变化：从一日到生死的关口，既是循环，又是不能回头。李白是诗仙，王维的文才也不弱，在他们的著作中，都有如此精简但内涵深厚的感情。他们的作品表现了时序和空间两者之间的密切关系，又构成了时空下的一个图像，还道尽了无可奈何的感慨。

中国的诗词歌赋，是藏品极为丰富的文学宝库。而且因为中国的语文是由单字单词连缀而成，文学家以自己的立场，将个别单字连缀为一个整体，作者与读者之间都有宽阔的想象空间，以阐述他们对四周时空的理解。这方面能举的例子太多了，此处以南宋诗人杨万里的作品为例陈述这些浅见。

先父留下的家藏文物之中，有一幅沈尹默书写的杨万里十一首七绝长卷。现在在我的起居室内，供奉着几件书法家的墨宝，我有幸朝夕赞叹书法，也欣赏这些诗词作品。这十一首中,《过招贤滩》的"六月飞雪人不信,招贤滩前看潮头"最可说明他对环境的直接感受；还有《玉山道中》"青山自负无尘色，终日殷勤照碧溪"，这两联都是直接观察，但又以自然呈现当时风景的特色。再就是《宿小沙溪》:"树捧山烟补缺云，风揉花雨作香尘。绿杨尽道无情着，何苦垂条拂路人。诸峰知我厌泥行，卷尽痴云放嫩晴。不分竹梢含宿雨，时将残点滴寒声。"后面这两个例子，又代表杨万里拟人格的诗风，将本来无情的自然转化成有情的另一种自然。诗人既是自然的代言人，也将自己的情感投射在选择的空间、时间之中，竟是强作解人。

前面提过，苏东坡所说“诗中有画，画中有诗”，也可解为景由心起，触景生情。这位旷世奇才的《赤壁赋》和《念奴娇·赤壁怀古》，一赋一词，正是身在赤壁之下的长江，明月徘徊，江声呜咽。面对此情此景，诗人不仅想起在这里曾经有过的一场大战，进而联想到历史上的兴亡盛衰，当时英雄人物的胜负成败，都已逐波而去。于是，他自己生命的坎坷，也与万古流动的江水凝结为人间如梦的感慨。最后，“一尊还酹江月”，也许是无奈，也许是潇洒，这位智者并没有怨恨命运。他超越变化，了解“变化”即不变的永恒：“将自其变者而观之，则天地曾不能以一瞬；自其不变者而观之，则物与我皆无尽也。”这一认识，正是中国文化的精髓。

这种著作，是人与自然之间彼此启发、内外融合的产物。王国维的《人间词话》提到隔与不隔的差别，也就是意指触景生情，情景之间应当是融合无间的。前述司空图的诗品，“悲慨”一项，正可以与苏东坡的感触互相比照，二者都呈现出一种苍凉的境界。

既然提到“诗中有画”，我们也不妨将上述讨论诗词的美学观点引申于绘画。中国的山水画，数唐宋最盛。尤其是宋代的山水，到了中国绘画史上极高的境界。郭熙的山水画理论，提出“平远、高远、深远”三个原则：一幅好的图画，应当呈现这三个向度的气韵。他的《早春图》，中峰突起，

宋代郭熙《早春图》，原画为绢本，台北故宫博物院藏。

在几乎画面的正中央，有一条轴线从渚岸引向瀑布，再转到岩石上的一条裂缝，然后又接上将近山顶上的皴痕，正好将读画者的眼光从山底引向峰顶；山边的两脉春水，左右扩散，就是平原；然而，山腰附近有两条步径，一明一隐，引向后方，带领读画者也转到山后，欣赏这一座春山的景色。

这种艺术形式，并不符合一般绘画的透视原则。画家毋宁是将读画者直接带入画中，在风景的上下周围前后各处浏览。欣赏这种画作时，视野是移动的，没有一定的定点，而是随心所之，随足所至，进入图画。

更具体的例子，则是黄公望的《富春山居图》。这是一个长卷，这幅名画曾经被割裂成两截，一段存于浙江省博物馆，一段存于台北故宫博物院。前几年，这两个断片终于千里合璧，拼合成完整的图卷。这个长卷，由右至左，顺着富春江的江流将这一段山水完整地呈现于观画者眼前。读画者必须假想自己身在扁舟，一路观赏山光水色，读画者在画中移动，并不定着于一点。

另一个例子，是张择端的《清明上河图》。这幅画将宋代首都汴梁的风景描绘得栩栩如生：从郊外水田、柳树开始，一路随着汴水进入城市，最后终结于皇室宫殿的金明池；汴水之上有一条大桥，河中有大小不同的船只，沿岸街市有许多活动，街后还有一层层的街坊，排列着商店和住家，画中有不少于八百人在活动。这一幅画，从前排汴水船只上的人物，以至几层街坊以后，门墙之内、厅堂前的人物，以及店铺中工作的人物，并无显著的大小之分；而观画者似乎人在半空，才能超越街市门墙，看到门后面的厅堂以及室内的布置与活动。这种画，如以透视法来讨论，完全不合理，因为没有一个地点可以一眼看尽十余里长、八百余人的活动，而且其中竟没有大小前后的比例可言。只有人在画中，随画走动，也就是在八百多人之中加一个"我"，才能品味出画家表达的帝都繁华。

中国各种旧小说的版刻插画，或有活动的仕女画（例如《韩熙载夜宴图》）中，也可以看到同样"人在画中"的原则。在那些画里面，门后、庭前和厅堂上的活动，都必须是读画者自己站在旁边才可以理解其各种关系。图中的一张方桌，如果按照透视法来画，应当是前大后小，但是在这种绘画内的方桌却是前小后大。其实，画家是在邀请读画者自己进入图画；后景会比前景稍大，是颠倒了透视的原理，以补偿空间的差距。

总结言之，在这一章内，我希望读者能够理解，中国文化中人与时间、空间的关系是三者合一的。人随着时间流动，人也在空间之中融为一体。人与自然彼此息息相关，不可分割。在如此的美学原则之下，中国文化中才会出现道家的思想——人是自然中的一部分，人不能离开自然，人也不能自我异化于自然之外。

第二章

天地人神的世界

今日世界的现代文明，承袭了犹太-基督教的传统，总是将人的起源归结于上帝造亚当、夏娃的故事。而且紧接着，就是人犯了违背上帝意愿的原罪，人的赎罪，只有通过坚定地信仰上帝一途。其实，世界上各处的民族都有各自的神话系统，人的出现也因此有不同的传说。这一章将从中国古代传说中人的起源说起，以解释中国文化传统中人的地位的独特性，其取径与上述西方上帝造人完全不同。

中国疆域广阔，各地造人的传说也并不完全一致。不过，至少在战国时代，盘古开天与女娲造人已经是大家都接受的一个说法。这一个盘古、女娲传说，应当是起源于华中长江流域蛮苗系统的古代民族。可是，在战国时代，屈原的作品《天问》，就以这个传说作为开天辟地和人类起源的说法。

在没有开天地以前，宇宙是一团混沌。混沌的形状，就如一个巨大的圆卵。圆卵忽然裂开，其中坐了一个盘古，他举手将轻清的空气往上推，成为天空，将重浊的物质往下压，就成了地面。盘古的骨骼成为山岭，血脉成为河流，毛发成为草木——世界出现了。因此，这是一个从“无”到“有”的过程。老庄所说的“无为有之母”，以及“混沌”是最原始的形态，颇与这个说法互相符合。从无生有的自然演生观，确实是中国文化的特色。它与中东出现的另一重要文化系统，以及其后代犹太-基督教的宇宙观，有极大的差异。

如此解释宇宙的起源，似乎比先有一个无处着落的上帝更具有哲学意味。否则，大家还是会问：上帝又从哪里来？今天的天体物理学讨论到宇宙的起源，其基本的假设是：宇宙从一个点开始，然后爆炸为宇宙。我们一样会问，那个点在何处？在数学意义上，点不占空间，因此等于零——然而，这零又怎么可以爆炸？

在中国的创世神话中，盘古之后，女娲出现了，女娲也就是女性的意思。在道教的神道系统中，女娲就相当于斗姆，在今日的民间宗教中，“先天老母”应当就是女性的原始。这一观点，也与老子所说“元妣”的观念相当。女娲用黄泥和水，捏成人形并给予其生命，就成为人类。

女娲这个角色，不仅是人类的创造者，也是宇宙的整顿者。在水神共工发怒，撞倒了天柱不周山后，女娲烧炼地上的彩石，补上天的缺口。大水泛滥时，女娲又用炼灰堵上了泛滥各处的洪水。从这个方面看，女娲的力量是地的一面，与天对立而相辅。女娲虽然有如此的神力，然而女娲并不是统治宇宙的神祇——她不是上帝，而只是代表一个力量，母性和大地的力量。与她相对的，应当是上天和男性的力量。战国和汉代的石刻图像中，常见伏羲与女娲。两者都是人面蛇形，二尾交缠，象征着交配。他们二人手中，一个手持圆规,一个手持矩尺,可能就是天圆地方的象征。综合上面所说，女娲造人和补天，只是象征着母性的原创力。这一个传说的意味，毋宁指出“人”本身是自然出现的，并不是屈服于上帝的子民，更不需背负上帝与人的契约。

我们也可以有另一可能的阐述：女娲的补天大功——东南边的天被共工撞塌了，女娲炼石补天，再加上炼灰堵住泛滥的洪水——这两大功业，都隐喻着新石器时代烧窑制陶和制作精美石器的背景。伏羲是牧养牛群的游牧阶段，伏羲与女娲的并列，也未尝不能看作游牧与农业的结合，象征新石器时代生产方式转换的背景。上述这两种形象拼合在一起，也都是陈述人类演化的不同阶段，以及阴阳交配的观念。这些传说，在一般庶民百姓的精神生活方面，可能影响并不会很大。

关于中国古代的信仰，我们在另一章会更详细讨论。目前我想介绍的是，宇宙的神力和人的关系。在新石器时代，中国在太平洋沿岸，从辽宁的红山文化一直到浙江的良渚文化，都有高天的信仰，而且是以太阳作为象征。太阳高高在上，成为中国“昊天”的起源。红山文化的高山上，有女神庙，还有酋长或祭司的坟墓和祭坛。祭坛、坟墓四周，都有中空、无底的陶罐，围绕基地。这一安置，毋宁是象征天地之间的沟通，而以神圣的地址作为相通的管道。墓主是一个尊贵威严的人物，还有法器陪葬，他也许就是大祭司或者酋长，负责天地之间的交通。

在良渚发掘出一个琮形的玉器，即一个外方内圆的玉管。有人说，琮形玉器的上面是一个圆盖，下面是一个方底，这也象征着天和地之间的沟通管道。还有一件琮上，刻着一个飞行的神像。也许他就是天神？或是神的使者？还是人间负责与天地沟通的巫师？我们不知道。在另外一些琮器的边上，往往刻着一只飞鸟——在许多地方的传说里，飞鸟常常是天神的使者，这些良渚的鸟形，是不是也是天和地之间沟通的使者？在渤海湾四周的太昊和少昊文化的传统，他们在古代的首领们，太昊系统是以云为号，少昊是以鸟为官——这种安排，也正是象征着天和地之间，经由人这个层面，会有一定的沟通机制。

有一件汉代的楚地绢画，虽然时代很晚了，却可能继承了古代的传说。这件马王堆的绢画分成三个层次：最上一层是天，最下一层是地下的水，中间则又分成人间和死亡的境界。画里面有一棵大树，植根在底层，枝叶却是在最上一层；枝叶上面有十只鸟，可能就是当年的太阳鸟。在四川，三星堆遗址出土了一件青铜的树，树干上也栖息着许多鸟。这一神树，可能就是和马王堆绢画上的树一样的天地之树。这是联系天和地之间的管道，人却正在管道的中间，上通天、下达地。宗教史家米尔恰·伊利亚德（Mircea Eliad）指出：世界上许多地方都有这种通天树的观念，只是到后来，树可能演化成高塔，例如《圣经》中的巴别塔。由此可见，中国古代的观念似乎也并不独特。只是，在人神之间的观念上，古代的中国人认为，“人”是沟通天地的中介。

人的身体，在中文里的解释是：圆颅方足，象征着天圆地方——人本身俨然是一个宇宙。战国时代，阴阳家与五行家两个自然哲学学派，各自陈述了他们的宇宙生成论。阴阳家认为，宇宙之间有阴和阳两股力量，二者交缠互动，成为宇宙运行的动力。宇宙之间所有的事物，都有阴的面和阳的面。两者并不只是对立，也能互补。五行家则将宇宙的构成归纳成金木水火土五个因素，或是五个成分。五者相配生成万物，每一件事物都有特定的五行成分，不能过多，也不能过少。秦汉以后，阴阳家和五行家的学说结合在一起，成为中国自然哲学形而上学理论的基础。

阴阳之间的关系，当然是认识到两性交合、创造新的生命这一过程，才将生命力归纳成为阴和阳两个因素。这两个因素不能独立运作，孤阴不生，独阳不长。因此，女娲和伏羲必须同时存在。阴阳之间，应当调和而不是对抗。在两个因素之中，永远是寻找平衡，任何一面的过强或过弱，都会造成整体的不平衡，进而导致灾难。

汉画像石中的伏羲女娲形象，拓片藏日本京都大学人文科学研究所，原石藏四川省博物馆。

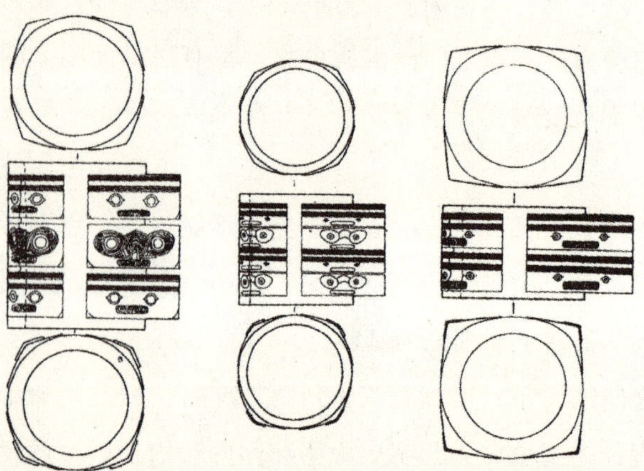

刻有鸟形纹和兽纹的良渚玉琮摹本（引自《浙江余杭反山良渚墓地发掘简报》，《文物》，1988年第1期）。良渚玉琮的起源和用途众说纷纭，但显然与新石器时代长江下游地区人们的原始宗教和巫术活动有重要关系，被认为是祭祀和巫术活动的重要法器，反映了相当程度的图腾信仰。

马王堆出土彩绘帛画线描图，引自《长沙马王堆一号汉墓》上集，文物出版社，1973 年。

五行的观念，很类似于两河—希腊地区和印度的四元素观念。在两河的四因素中，所谓土、水、风、火，每一项都是相对的："土"有干沙漠和肥沃的土地之分，"水"有甜水和苦水之分，"风"有焚风与和风之分，"火"有焚风带来的大火和日常生活必须依赖的火之分。这些二元的观念，却并不是互补，而是彼此冲突。

在中国文化的五行之内，则有相生与相克的观念：金生水、水生木、木生火、火生土、土生金，这是相生的系统；金克木、木克土、土克水、水克火、火克金，这是相克的观念。凡此观念，都是从日常生活中悟解所得。"金生水"是金属加热后融化成为液体；"水生木"是有了水，植物才能成长；"木生火"很容易理解，木块可以燃烧，成为火焰；"火生土"比较难解；"土生金"则是从地下可以采得金属的矿源。相克的观念，"金克木"指可以用金属刀砍伐木材；"木克土"是指木杆装上农具可以刺土、破土；"土克水"是指以土壤做堤防，可以防洪水泛滥；"水克火"则不言自明；"火克金"则是指高温可以使金属熔化。

这一串的说明，只是解释古人从日常生活中引申出了素朴的理论。任何一项因素或者功能，都不能不受到另一方向的反制。这五个项目之间必须要调和，才能成为一个完整的生活体系。同样，每个项目之中，都有强和弱的相互制约，任何一方过强或是过弱，都会造成灾害。因此，五行观念正同阴阳观念一样，指出人类生活之中的各种因素，必须在平衡之中找到调和之道。失去了平衡，维生的资源不仅不能有助于生存，反而可能妨害生存的环境。

这样的永远趋于平衡的动态宇宙，当然会牵扯到时间的观念。时间轴线，在现代科学观念中是直线地进行的。在基督教神学观念中，自从上帝创造天地，时间就永远延续下去，到最后审判的日子，人类的时间终结，但宇宙的时间还会进行。中国式的时间观念则是循环的，也是在许多条件之中，不断地寻求一个“完足”，而这些条件参差不齐，因此“完足”的境界很难达到。中国人的宇宙中，时间的观念，可以以汉代最后经过形而上学思考而发展的年历学作为指标。

经过若干演变，从汉代开始至西方科学进入中国为止，中国人的历法是按照太阳历和太阴月配合：太阳年一年的“岁实”，是三百六十五又四分之一日，太阴月的“朔策”，是二十九又二分之一日；一年必须要有十二次月圆，每个月圆之时必在月中，单单凑齐这个条件，就需要相当大的公倍数。每一个太阳年，在中国历法上划分成十二个节与十二个气，每一个关键点，都代表着中国靠近北方的大陆气候转变的关口。这些节气的名称，都是农耕程序必须要注意的天气——例如，春分、秋分是昼夜两中平的时候，冬至是白日最短的一日，夏至是白日最长的一日，立春则是一年生长季节的开始。每一个月要分配两个节气，而一年的开始，又必须在立春的附近。岁实和朔策的总和对不上时，在年历上必须要加上闰月。闰月的放置，则必须要考虑落差出现，几乎要影响日常生活规律的那个月。

再加上中国人的天象观念：宇宙是个大圆球，日月五行，每一个星体离我们的距离代表一层天，这七层天相当于同心圆的层次，围绕着地球。历法家理想上的宇宙起源日，是在日月如合璧、五星如连珠的时候。这一天恰好是立春，而立春的时间恰好掉在正月初一日的子夜。将所有这些因素调和起来，取得的最小公倍数，从汉代元始年间（公元 1—6 年），是两千七百多万年前，历法学的术语，称为“上元”。但是，即使到了我们这一个大周期的终结，时间也不会停止。日月和五星的轨道，在中国历法上，也有不断变动的规律。于是，一个大周期之后，只是另外开始一个新周期，时间永远进展。同时，“人”却是观察这些变化的主角，宇宙的永恒进行因而就系于“人”之存在。

论其根本，阴阳家的根源应当更早——五行家的出现，必定是在铜器和铁器成为日常事物时，才有“金”相的功能。阴阳互动的形而上学，当然和上述伏羲、女娲之间的相对性有历史上的渊源。到了汉代，董仲舒综合儒家的人间伦理学与阴阳五行的理论，组织为天人感应的学说。在他的庞大宇宙系统中，层层套叠着大小宇宙，人体也是一个自我完足的小宇宙。从天地的大宇宙到人间秩序的宇宙，以至人体之内的小宇宙，彼此互相感应。不仅是大宇宙影响了小宇宙，小宇宙的变化一样会回馈于大宇宙，引发相应的变动。在这些宇宙中，任何因素不能过强，压倒其他的因素，也不能过弱，如此则无法保持各种因素之间的动态均衡。

从汉代以后，宇宙内部和宇宙之间的均衡状态，说明了“人”在大宇宙中具有和天地同样重要的地位。天、地、人三才，是大宇宙的三个层面。因此，汉代以后出现的中国传统宗教道教，其原始的三官，就是天、地、人——人官的部分被水官代替，则是东汉以后了。“人”反而是各个层次宇宙的命名者和解释者。“人”不是屈服于自然秩序的一类生物，而是与天地共存的宇宙成分。

董仲舒构建的天人感应论，不仅天的变化会影响到人，人的变化也会影响到天。人的变化，尤其是集体的行为，例如国家的政策和政治体制运转的情形，都会影响到宇宙的均衡。从汉代开始，国家的正史往往会包括称为“灾异”“祥瑞”或者“五行”的章节，其中记载气候灾变等，并且常常联系于政府的作为——史官认为，是人间的若干措施有所偏差，才导致了气候和其他的自然变化。举例言之，假如皇帝过分依赖皇亲国戚，或者女主专政，这就是阴气太盛，会导致严重的水灾。又譬如，用刑过度或政府施行苛政，会造成肃杀之气，以致秋天有严重的早霜，伤害了农作收成。凡此形而上学的玄虚之说，当然都是附会。不过，这些想法也确实影响历史上中国人的行为，谏官往往以灾变的出现理直气壮地纠举政府的行为失当。在天人感应理论刚出现的汉代，知识分子确实常常借着某一灾变的时机提出政治改革的要求，甚至冒生命危险，建议皇帝退位。以上只是说明，中国人的宇宙观和人生观是密切相连的。“人”在宇宙之间，不在一个从属地位，而具有天、地、人三才之中三分之一的主动权。

一直到今天，中医的理论，很大部分是基于天人感应之说以及阴阳五行的形而上学，建构起一套人体内部各部分的平衡理论，也建构了人体系统与外在大宇宙系统之间的呼应关系。

至于人体本身，中医理论有精、气、神的说法。这个三合的说法，往往被中医的理论家归之于《黄帝内经》，尤其是《灵枢篇》。但是检查《黄帝内经》，其实没有这三者孤立的说法——精、气、神还要配上魂魄等。“精”是生命，更强调于生命的本质；“气”是生命的运行动力，是动态的；“神”则是精、气运行中出现的“状态”，用今日中医常常借用的名词，则是“能量”。人体之内的精、气、神，与人体之外的外在世界息息相关。从保健的立场而说，摄取营养是培养精、气、神的必须步骤，而外在环境的冷暖干湿等条件，也影响到精、气、神的平衡。假如以这一套理论延伸，我们可知，个体生命并不是与外在环境对立的受格，因为他是大宇宙之中的一部分，个人的主体性一样可以积极或是消极地影响到外在大宇宙的均衡状态——“人”不仅是受格，也是主格。“人”的尊严来自上述的这种特性，“人”的权利也可以从这个理论上得到天赋人权的解释。

前言中，我们提到冯友兰的“新原人”之说，他以为人生所处的境界，可以有原始、功利、知识和天地四个层次。

我们生在原始状态，应当是生物性最为突出的层次。然而，我们不当自甘于生物，因此才有“厚用利生”的需求和行为，这是功利的境界。在功利境界之上，我们还需要提升到理性层次的知识。最高的境界，则是从功利升华为与大宇宙呼吸相通的天地境界。他认为这一个逐步提升的过程，依赖于我们的“觉解”。“觉解”二字，也许正相当于儒家心学中的“悟”。当然，“觉解”二字，与佛道的觉悟和解脱有明显的关系。

现在我们从哲学上的讨论，回到中国民间对“人”的理解上。上述中医的人体观念，其实就是代表民间已经形成了一套“人”学之中的医疗部分的认知体系。中国的民俗信仰，也从精、气、神的论点延伸。南北朝时期，道教的炼丹先是从炼制药品开始，从医疗和保健推演到追求长生不老——服用丹药可以将生命延长，甚至于永远不老。这个愿望本身就代表了生命是可贵的，值得延续到无穷无尽。从炼丹的观念，又发展为炼内丹的理论和方法。据说，人可以从自己身体之内调动自己的真火和真水，通过修炼以改造自体。最高的境界，可以使精、气、神中“神”的部分，在自身内部“结内胎”，“内胎”进而可以进化纯熟为“元神”。根据道教的神秘学说，“元神”才是真正的自己，可以摆脱肉体永远存在，成为神仙。即使没有修炼到神仙的地步，“元神”一样可以短期地离开身体，四处活动。所谓“元神”的观念，几乎就是陈述人体本身可能达到永恒。人通过自己的努力，可以修炼到如此地步，其可贵显而可知。

中国的民间日常生活中有许多的妖精古怪，在我们日常经验之内，蛇妖狐仙处处都有。一般的民间观念认为，凡是古老的物体或动物，都可以修炼成“精”，“精”的最高层次则是进化出人体，以人的形象超脱原来的属性。人可以成仙，物可以成人，这些妖精，理论上还可以进一步修炼成仙，与天地同寿。“人”这道关口，却高于一切事物和一切其他的生命。由此可见，“人”的地位之可贵，就不是承受神惠的受格而已了。

冯友兰的“觉解”，在民间宗教之中称为“修炼”。自从中古时期，中亚一带的救赎教派即传入中国。最初这些教派还保留原来的面貌，例如袄教和景教。后来者，除了在中国的伊斯兰教保持了原来面貌，其他救赎宗教都大量吸收了中国道教的一些教义，混合成今天常见的一些民间教派，以及过去大家熟悉的各种民间信仰。他们对自我的救赎，不再仰赖一个外在的救世主，而是靠内修就可以达到的境界。一些民间教派的“无生老母”，就是道教从无到有的转换。走到这一步的悟解，一样是从清理人体本身和人心本身的污浊部分，渐渐提升，臻于解脱。“人”本身可以达到的境界和地位，不是仰望神恩，是通过自己就可以走到的。

另外一些非救赎的宗教，例如妈祖信仰、王爷信仰等，这些神祇的法力，可以解除人间的困苦和灾难，也可以在人身故后引导其进入极乐世界。不过，这些神祇担任的角色，不是单纯的外在法力的救赎。被救赎者也需要自己修炼，至少是行为品德上的修为到了一定的水平，神仙才能伸出援手。虽然庙宇门前有无数的信徒烧香礼拜，也不断有人在神坛前捐献和贡纳，然而认真的信徒一定会告诉我们，单单靠这些奉献是不能得到功德的，只有通过发自内心的修行，提高自己的品德，神仙才能将信徒引进极乐世界。

外国人以为，中国人是靠念佛和施舍来购买神恩。有一些愚信之徒，以为做些功德就可以得到神的恩典。从上面所举的例子可知，即使民间宗教，都看重在“人”本身内部可以达于至善的条件。经由自身对于至善的追寻，人才可以提升自我直到解脱，进而超凡入圣。

总而言之，从中国的创世神话，一直到今天的民间信仰，中国文化中“人”的地位是与天地同等，是三合一的一部分。儒家的人文伦理，将在下一章讨论；就本章所说而言，“人”有自足的条件，不需外求就足以求改善和提升自我，进而超越生物的境界，也超越物质的限制。这当然是唯心论的论述，只是，在中国文化中，这一信念的影响极为深远，也极为普遍。与犹太–基督教义中“人”的地位相比，中国“人文”二字，具有更重的分量。

第三章

神鬼故事的传说

本章提到的传说，当然只是中国无数传说之中的一部分。我所挑选的，基本上都是来历不明、没有作者，而传流很久的故事。我尽量避免将文学作品中的故事也纳入传说之列。不过，如果一些文学作品如小说、戏剧等，其情节已被传颂，成为大家熟悉的故事，这些也可以当作传说，作为反映民间情感的材料。

在民族学上，一般传说的习惯，都需要从天地开辟、形成秩序等开始讲述。因为这些传说也是界定文化系统对于宇宙和周遭环境的解释。在先秦以前，中国的文化表现为许多不同的地方文化的发展，各个族群有各自的神话和传说。大致要到战国时代，方才逐渐融合，真正形成相当整齐的系统。在汉代，则更进一步进行全盘整合。在战国时代，整合的情形可以从楚辞如屈原的《天问》和《九歌》两大巨著，瞻见其大概的内容。不过，当这些神话和传说列入文化正统，在民间却不再成为口耳传诵的故事。

在《天问》之中，屈原先问道，天地的秩序怎么形成？日月星辰的位置，怎么安排？创世传说之中，中国的地形如何建构？历史上的大洪水，鲧和禹的故事，大概的情节如何？然后又提到几个朝代的创生神话，那些英雄人物，如何有神奇的诞生现象？最后又问到历史上早期几个“朝代”的兴亡和变化：例如，后羿怎么篡夺了夏代的政权？自己又如何遭遇到嫦娥偷取灵药的事件？等等。在屈原的另外一部著作《九歌》之中，他特别描述几个重要的大神东皇太一、云中君、东君，包括他们的权力和性格。他还描述了几位水神如湘君、湘夫人，以及他们的角色和彼此间的关系。然后再说到我认为最有趣的一章“山鬼”，那些在森林、草原以及树木覆盖的山坡上，逗弄行人的美丽精灵。最后他才谈到在战争中阵亡的阴灵“国殇”。这些材料，确实是我们了解当时的神话传说的宝库；屈原陈述的这些信息，又相当反映了与中原系统略有差别的荆楚神话传统。

然而，仍如上述，这些故事日久以后，只是中国文学的瑰宝，未必在民间继续传流。因此在这一章中，我不想对这些故事作详细的叙述，只是提醒读者诸君，中国这个复杂的文化系统源头众多，有些古代流传的信息，有极为优美而值得欣赏的成分。上述《九歌》之中，林野间隐约出现的小精灵，和巡行天上的俊男子，确实是很好的文学想象，值得大家欣赏，却未必反映后世一般庶民的精神生活。

由于传说是口耳相传，各地的传说当然可能有许多细节上的差异；各种文本记载的传说，也会各有各的特色。凡此原因，我不能够有一定的标准版本作为传说的依据。本章中提到的传说，实际上都只是大概的内容，有许多细节也不必列入。这种根据口碑传颂而得的史料，无法如一般的史料有所依据，且可以引证。

这里引用的传说，都是我在生命各个阶段，从家庭的长辈、乡里的父老及朋友的谈话中所取得的资料。在抗战期间，我曾经随着家人流寓各处，有时在农村，有时在小街市，有时在路上和担夫、车夫、水手谈话，从这些庶民口中，听了他们复述千百年来流传的一些故事。我特别要感谢有一段时间的经验，那是在重庆南岸郊外的黄桷垭，那是我家逃难的最后一站。两年之久，周日父母在重庆城内工作，我和弟弟留在乡下，由家中的老人汪思三照顾。这个淮西大汉自幼流浪，为人夯直不文，一身江湖义气。在弟弟上学时，他背着我到街上的茶馆逗留。在那里，由于是江湖帮会的一员，他也要介入当地的许多事务——所谓“谈公事”，也就是由当地的父老听取街坊邻里的小小纠纷，由在座的众人共同判断是非。在这种场合，一个乡野的茶馆，我听到了许多四川人在“摆龙门阵”时所说的故事。这是七十年前的事了，那时候不过十三四岁，到今天我还记得汪思三的为人与行事。容我借此，纪念我这个故交。

第一批传说，应当是属于天的故事。先从后羿射日和嫦娥奔月的故事开始。据说，后羿是一位神射手，百发百中。后羿生活在夏代——中国第一个朝代——的中间，以中国的朝代学计算，应当在距今三千多年前。那时候气候大变，连年干旱，火烧原野（从今天的考古资料看来，距今四千年前后，真的有一段气候非常干旱的时期，影响到新石器时代文化末期的人口大迁移）。在传说故事中的说法是，这次干旱是因为有十个太阳同时出现。中国古代传说，东方的扶桑树上有十只金乌，每天一只飞过天空，就是我们看见的太阳。不知什么缘故，有一段日子，十个太阳结伴同行：十倍的温度，当然地上如火烧一般，赤野遍地。这位射手后羿，因众人的乞求，举弓射日，射下了九只金乌，留下一只如常在天运行。群众感激，拥立他为王。可是，这位君主仗着自己的射技天天狩猎，地上的禽兽几乎都被他射尽。他自己认为功勋盖世，应当长生不老，从西王母那里取得了不死药，希望永远活下去。他的妻子嫦娥，那位永恒的美女，觉得如果后羿继续狩猎，可能会以人为猎物。她刻意将长生药偷藏在身边，不让后羿服用。后羿追索药物，嫦娥急迫之下，自己吞了这一包药飞升奔月。从此，嫦娥便在月上“广寒宫”忍受着永远的孤独。

从这个悲剧性的传说，我们寻找其中内涵意义。也许是在对丈夫的爱情和对百姓的爱心之间，这一位永恒的美女做了这一个无可奈何的决定。百姓多年传颂这个故事，未必真的认为月宫中有如此一个嫦娥，却可能只是对她的崇拜和纪念。

另一个有关天上的故事，则是牛郎织女一年只能相会一次的传说。在天河旁边，有两个星座：一个是织女星，包括六颗星形成一个女子跪坐的姿势；另一个星座包括七颗星，则是一头牛的轮廓。据说牛郎勤于耕种，织女勤于纺织，他们彼此相爱，天帝让他们结为夫妇。婚后，他们耽于爱情，荒废了各自的工作，天帝惩罚，以天上银河分隔这对恋人。他们彼此思念，天帝怜悯，吩咐喜鹊传话，准许他们每七日相会一次。喜鹊传话错误："每年七月七日相会一次。"从此以后，这对夫妻每年只能踩在喜鹊比翼连接成的羽桥上相会一次。

这个爱情故事传颂千古，所有的情人都可以在夏日晴朗的天空之下，互相承诺彼此永远相爱，正如唐明皇和杨贵妃在长生殿发的誓言一般。到今天，台湾非正式的情人节还是农历七月七日。中国传统社会，男女的爱情是非常含蓄的隐私。只有借这种故事，窃窃私语，才能表达彼此的感情。另一方面，天帝代表严肃的父权；在中国传统的家庭，父权行使过度，也确实常常使得恩爱的夫妻只能在最隐私的场合互相表达爱情。

与牛郎织女传说类似的爱情悲剧故事，则有秦汉时代形成的孟姜女哭倒长城的传说。孟姜女的丈夫万喜良，被秦始皇征发到北方去修筑长城，新婚的夫妇，竟没有度过三天的欢乐。丈夫远去，新婚的妻子为丈夫送去寒衣，隆冬腊月冰雪载道，等到孟姜女到达边寨时，万喜良已经和其他成千上万的戍卒纷纷累死在冰雪下的长城窟。孟姜女在城下痛哭，长城为之崩倒。这一故事千古传颂，各地的方言都有“孟姜女送寒衣”的民谣。论其来源，这一故事的原型出自春秋时的齐国，杞梁在齐长城下战死，他的妻子孟姜痛哭着迎回死者的灵柩。原型和这故事相比，的确后者更为动人。

另一则爱情不能如愿的悲剧，是梁祝的故事。据说在东晋时，祝英台女扮男装在杭州求学，与同学梁山伯交谊甚厚，但是梁山伯却不知道祝英台竟是女子。等到他们各自回家，祝英台邀请梁山伯来家访问。在这时候，梁山伯才发现祝英台是女儿身。他们二人互约终生，可是等到梁山伯求媒说亲时，祝家的父亲却早已经将祝英台许嫁马文才。梁山伯得到这消息，痛不欲生，很快就一病身亡。祝英台出嫁，路经梁山伯的坟前，风雨交加，船不能行。祝英台知道这是梁山伯的坟茔，下船拜坟，此时天雷炸响，墓碑开裂，祝英台跃身入墓，坟墓复合。从此，这一带出现一对彩蝶，到今天这种蝴蝶还是以梁山伯与祝英台为名。据说，谢灵运还特别为此题记，纪念这一对不幸的青年男女。

这一个故事也有它的原型，出自古乐府中的《华山畿》。传说华山下有一女子，听说邻村有一个少年私心爱慕自己以致生病；少年的父母托人向这位少女家求亲，少女脱下内襦作为信物交给来使。信物传到，少年将这信物拥入怀中，大恸而死。等到灵柩行过华山，这位少女路边迎柩，歌唱“君既为侬死，棺木为侬开”；天雷一声，棺木裂开，少女跃入棺中，共葬在华山之下。另一个比较接近的原型，则是《韩凭赋》。据说战国时代的宋康王，爱慕其舍人韩凭的妻子何氏，强夺入宫，将韩凭入狱。韩凭用隐语传达信息给何氏，以示永别。何氏得信，腐蚀衣服，从宫中的高台跃下自杀；身旁的侍女抓住衣服，衣裂不能救。何氏留下遗书，要求与韩凭合葬。宋康王愤怒，将二人分葬在高台的两侧，可望而不可即。但是不久之后，两墓各生树木，相向交合，枝叶相接、根枝连理；树上有一对彩鸟，比翼并飞——这就是所谓的“相思树”。

花木兰的故事，与上述几段爱情故事略有不同。“唧唧复唧唧，木兰当户织”，这一段《木兰词》，大概所有的中国孩子都曾经在中学读过。花木兰女扮男装，代替父亲应召出征，跋涉关山征战十年后凯旋，辞谢封赏回家。到家以后她脱下战士衣，恢复女儿装，同行十二年的战友，才惊觉木兰是女郎。这一故事，时代背景大概是北周，在原来的故事叙述中，可汗发现木兰是女子后强纳入宫，她以死相拒，自杀身亡。她的战友刘将军，也因此殉情。这些情节，没有在今天流传的《木兰词》中出现。假如以原来的故事来看，与前面三段爱情不能如愿的传说相比，可以说是同一类型的悲剧。

以上这几段爱情故事，都是悲叹互相爱慕的男女因为外力的干涉而不得相聚。其中当然也隐藏着一般平民对于这些外力即父权和君权的批判。

汉画像石《牛郎织女图》，引自《中国美术全集·画像石画像砖》，黄山书社，2010 年。

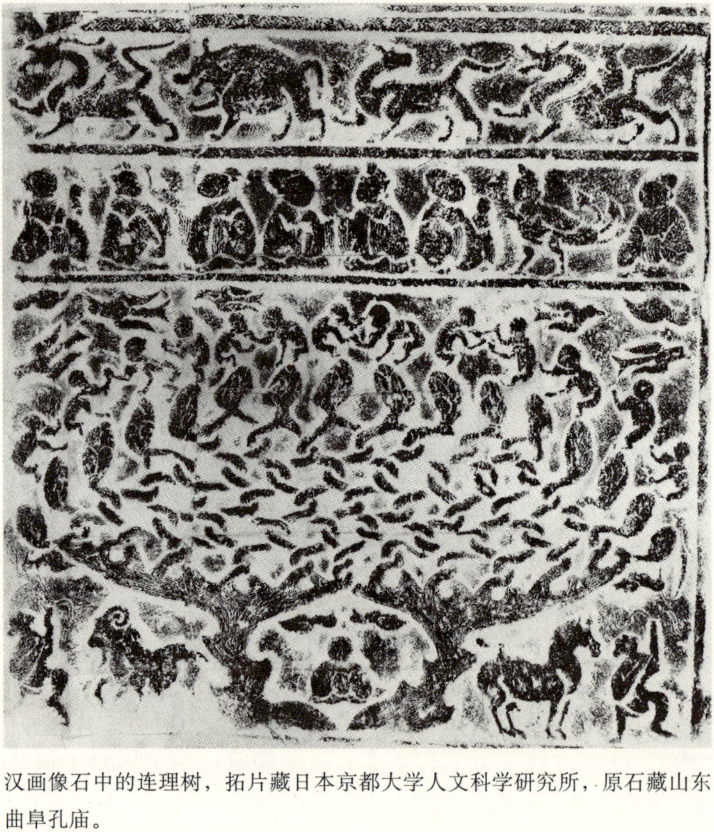

汉画像石中的连理树，拓片藏日本京都大学人文科学研究所，原石藏山东曲阜孔庙。

现在再谈有关“地”的故事。从新石器时代开始，几千年来，农耕文化在中国根深蒂固。中国的精耕农业，必须有适当供水灌溉作物。大禹治水的故事，可能就在这种背景下才得以永远传留，也延伸出一些类似的其他传说。据说，距今四千多年前，中国曾经遭逢一次极大的洪水（世界各处文化都有过大洪水的故事，可能那一时期，曾经出现地域性的洪水。最近考古学和地质学的探讨，发现黄河上游积石峡谷，在四千多年前曾经有过堰塞湖，高达四五十层楼的大水冲决破塞，可能造成其下黄河流域的大灾难）。

回到尧、舜、禹三代，鲧、禹父子两代人奉命治水，将泛滥的洪水导入渠道，使泛区恢复为农田。在这故事中，大禹的父亲鲧治水的方法是筑堤防堵，结果愈堵愈泛滥，被舜处以极刑。大禹接下治水任务，采取疏导的策略，终于成功。鲧、禹治水，得到许多神明的帮助，女娲即曾赐下堵水的“息壤”；也出现神龟曳尾，引导开渠的路线。有一次，禹化身大熊，舞蹈作法，他的妻子涂山氏送饭，发现丈夫竟变化为大熊，非常惊慌和羞愧，从此不见大禹。大禹也因此事故，过家门而不入，多年都在外面奔走治水。

另一治水的故事，则是四川都江堰李冰治水的传说。李冰是秦国在四川的太守，他在任上将岷江分流，灌溉成都平原的广大农地。故事中，为了打开山口，李冰自己化身水牛，和水神化成的另外一头水牛相斗。他嘱咐从者，认清其中一头水牛，腰上有白印的那头是自己，白印是太守的印章。他让从者协力帮助，刺死水神的化身，分江的工作因此才能完成。他的儿子二郎，今天被称为“二郎神”，也用臿挖土来协助他工作。传说中，臿成为二郎神的三尖两刃刀，威力强大，可以战胜一切妖魔。在今天都江堰沙滩上，也确实发现一个古代的石像，就是一个短装男子持臿工作。

第三个故事，则是安徽、江苏的祠山大帝张渤治水，他是汉代广德高淳的地方官。这一地区，众多丘陵围绕谷地，水流不通造成淤塞。张渤将许多水流导入渠道，分别注入长江和太湖。在张渤治水的故事中，他也曾经化身猪形，或称猪婆龙（可能是借用大型江豚的形态，发展出的一种传说动物）。当他正在以猪形拱土成渠之时，他的夫人送饭看见后立刻逃逸，藏躲不见。在我家乡，张渤被称为“张大帝”，位阶与“东岳大帝”平起平坐。每年的赛会，各处的神祇都要起驾朝拜张大帝。

在这些故事之中，张大帝化身大猪，与大禹化身大熊，其实是同样的比喻。百姓感激，将人力不易做到的事情，委之于神力的帮助。大禹和张渤，都因此牺牲了家庭的生活，换来的是百姓的千秋纪念。我在第七章中叙述，无锡还有东水仙、西水仙，这两位治水有功的地方官也都受到百姓永远的奉祀。这一类的故事，在中国南北各地，处处有之。为了农耕的需要，他们兴修水利造福众人；也因此，对治水有功的人物，老百姓永远怀念。

既然谈到天然环境对人的影响，因此，中国人对于水利灌溉特别重视。从这条线索上，我们也可以举出与水利观念有关的蛟龙传说。蛟、龙都是神话中的奇异动物，在真正的生物中，无法找到相应的种类。尤其“龙”的观念，在中国人的传说中，是具有极大能量的神物，皇帝就是以“龙”为自己的象征。龙的主要所在地，还是在水中。蛟比龙差一阶，似乎是龙的副手，或者是次一阶的神物。蛟的所在地却是相当一贯的，是在水流之中。下面是一则龙的故事。

在四川以及长江流域，都有“望娘滩”的传说。据说，江边上的一个村子，有母子二人，家境贫寒，儿子必须要经常到江边的沙滩上替地主放牛、割青草。有一天他发现一块非常茂盛的草地，收割回来的青草也很新鲜。第二天、第三天，每次到那个地方去割草，却发现青草从来没减少。偶然，他在野草丛中发现一粒红色的圆珠，便将这个珠子放在草筐中带回家。头一天筐中的青草几乎被牛吃完了，第二天早晨却又是满筐野草。母子二人将红珠放在米缸，第二天早晨米缸竟装满了白米。消息传播出去，地主带人来抢这颗红珠。孩子急了，带着红珠向江边跑，不小心吞下红珠，立刻感觉口渴，跑到江边去喝水。他的母亲看见他不断地喝水，等到再抬起头来时，他的头已经变成龙头，而他的身体也在拉长。终于，他化成一条大龙跃进江水，顺着江水他向母亲点头告别。四川很多地方，有九洄滩、七十二洄滩等名称，据说都是这条儿子化成的巨龙，每回头向母亲叩别一次，江水就转一次弯。

这个故事，延伸出许多类似的故事。红珠可能转化成宝珠，放在任何对象之中，都会使这对象无穷增加，于是又延伸为“聚宝盆”的传说。吞珠成龙的传说，却是在长江流域传播最广。我自己以为，长江水道曲折，每个转弯之处，外侧江水冲激江岸，江岸崩溃就会使外侧的弯度更大；在江水内侧，由于江水回流，速度缓慢，则有沙碛停积形成沙滩。这条大龙，其实就是江水主流，气势磅礴，委婉起伏，奔腾东去。蛟则可能是长江流域尤其川江部分，常有的冲入大江中的地下伏流；遥望伏流，俨然是一条夭矫巨物。蛟，也可能以“长江鲟”作为模本想象而得。凡此故事，都可能是在江边居住的人们，将江水的景观转化成蛟龙，当作水神来崇拜。在这个基础上，蛟龙故事演化为“四海龙王”以及全国各处大小河流都有当地的龙神。

“深山大泽，实生龙蛇”，这是中国古代将龙和蛇经常并称的典型句子。龙的形象，是从蛇扩大、复杂化而来。龙，大概还是一条巨蛇。古代草木丰盛，蛇是人生活之中经常会遭遇的危险。蛇悄然移动，无处不在，而毒蛇又可以致人死命。于是，蛇在中国传说中的形象，是一种不易察觉的危险。先秦古文中，“无它”的意义是“没有灾害”。于是，在日常生活中，这一类的生物也就成为不易察觉、而需要戒备的灾害。蛇类的生活习惯，盘圈昂首，吐舌四望，俨然是向天呼吸。这一形象，在传说之中是巨蛇昂首向天，吸取天地的精华，终于成为蛇精，可以化为人形，在人间活动。

蛇精故事之中，最著名的当然是“白蛇”的故事，是中国四大神话之一。这条八百年的老白蛇，在峨眉山中修行，吸收天地山川的精气，化身为美貌的白衣女子。白娘子的故事，是逐渐演变成长的：大概在宋代，还只是一个很简单的原型，到了明代，已经演化为今天大家知道的白蛇传的故事了。白蛇的故事，几乎所有的中国人都知道，因此不必在此复述。有情有义的白娘子和许仙的恋情，是永远令人哀叹的悲剧。那个多事的法海，自己据说也是蛤蟆精，生生拆散了这一段姻缘，逼得本来已经化蛇为人、成为人间最善良女子的白蛇，犯了弥天大罪：水漫金山寺，造成巨大灾害。于是白娘子被镇压在雷峰塔下，直到西湖水干、雷峰塔倒才能重获自由。我曾经参观过金山寺，寺庙中的和尚还一本正经地领我去看墙上的一个窦穴，说是许仙从这个墙洞逃亡——可见这个传说深入人心。在江南，秋蟹是应时美肴。每一次我们剥食螃蟹时，孩子们都会努力寻找，在螃蟹的两眼之间，有一个小小的白骨，据说就是法海——这是民间的裁判，将这个破坏姻缘的和尚永远贬入螃蟹壳中。许多中国的地方剧种，都有“白蛇传”的唱本，其中祭塔一段，是白蛇生在人间的儿子中了状元，回到雷峰塔祭拜母亲。母子二人只能短暂地相会，母亲哀述自己的一生及永远镇压在塔底的凄苦，是一段十分动人的唱腔。

在民间故事中，蛇妖并不是邪恶的形象，上述白蛇传中的白娘子，就是值得大家同情的角色。长江流域以至江南一带，靠近水边、草木茂盛，蛇乃常见之物，而又很少毒蛇。

因此，蛇常被视为镇宅的神物。我家无锡老宅，水边有一棵大树，高过二楼的屋顶，树上相当高处有一个空洞，应当是一棵大枝断裂之后形成的。这树洞中有一条大蛇（其实应当是有一窝蛇），我们偶然会看见蛇盘在高处的树枝上，人蛇互不相犯，一般人就认为这是我们许家的宅神。蛇与燕子都象征一家家运的兴衰，如果蛇不见了，燕子也不回来了，这家大概就会走衰运。因此，我家的仆役，初一、十五都会放两个鸡蛋在树下，作为谢神的祭品。

中国传说中，狐狸精也是一个常见的主题。最常见的故事是，狐狸化为女子迷惑年轻的男子，使他精血丧尽。这些青年男子的精血，却能滋养狐狸，使妖精的道行更深一层。狐精的故事，在这个基本的母型上，有许多的变化，有些狐精也相当有情有义，并不危害情人。狐仙的故事，往往会联系到借狐仙的妖力，遭逢狐仙的家庭可能一时暴富，但好运不会长久，妖精带来的好运最终还是会败坏。

狐狸得到这么样的名称，可能因为狐狸的皮毛光润华美，而且狐狸的眼型与狼、狗不同，带点斜挑，似乎是女子挑逗的眼神。狐狸在夜间活动，和豺狼一样，在月色之下仰首望天呜呜，这个形象也被视为狐狸在吸取日月的精华。事实上，大部分中国农村都已人烟繁密，附近并无野生动物。于是，张冠李戴，狐仙的故事有可能是因黄鼠狼而起。很多文人学士，例如蒲松龄、纪晓岚，都是说故事的好手，在他们的笔下，狐精的故事占了相当大的部分。那些故事，其实颇有借物讽世的意味，是文人创造出来的寓言，而非民间自己添油加醋逐渐形成的传说。

回到人间，人死为鬼，鬼魂的故事，当然也是民间传说中相当重要的部分。从“生”说起，自从佛家轮回之说传入中国，中国人在阳世以外，另外创造一个阴间——新生命的降生，则是从阴间转入阳世。我们常见这种传说：产妇正在待产，有人会看见某位已经故去的友人或是冤家走进大门，直驱产妇的房间；然后呱然一声，小儿出生了。于是，下面就会接着解释：有的人是来报恩，或是延续过去的交情；冤家到来，则是来讨债或报仇。我们家乡有一位地方尊重的长者吴稚晖先生，他终身不庆生。因为据说在他出生前，他的父亲梦见已经故去的祖父告知：“我替你买了孩子，七斤十两重，明天就会出生。这个孩子并没有经过阴间的核准，是我偷买的。因此，他千万不要庆祝生日，以免阴间察觉阳世有这么一个走私的生命。”这一类的故事，基本上都是用来解释一家兴衰起落的因由。尤其如果某家有了败家子，就往往会归咎于上世不善，招来索债的冤家。

当然，不得善终的冤魂会成为厉鬼在人间作祟。本书的第六章，会讲到春秋时代郑国伯有醉中被杀，冤魂索命的故事。厉鬼不仅是找冤家索命，也会造成地方上普遍的不安。瘟疫和战争都会导致死亡众多，那些不得善终的死者，灵魂无处安顿，就会骚扰人间。在这种时候，可能因为长期的不安，引发群众情绪的紧张，就会有“过阴兵”这一类的故事忽然出现。我自己经历过这种事情。抗战第二年，日本轰炸四川各地。有一次一个中等的城市万县被日本炸平，全城三分之二化为瓦砾，死者无数。那次大轰炸以后，人心不安，已经无家可归的难民只得睡在仅有的走廊或是任何可以遮蔽的地方。那时，曾经有十天左右，大热天的半夜，忽然全城惊起，都说看见断头、缺肢的“阴兵”列队在路上走过。这种群众的不安需要集体的安慰，于是，地方的宗教信徒即会请求佛寺、道观作法安魂，超度亡灵，解除人间的恐惧。

在台湾，“好弟兄”指的是一般的鬼魂，“大众爷”或者“义民爷”则是族群械斗中的牺牲者。台湾各地都有小小祠庙供奉“好弟兄”，以避免他们作祟人间。有时，也可能是因为其他情况，造成大众情绪的紧张，却也会将这不安的祸源归之于冤魂的骚扰。我初入史语所时，有一次，南港社区也举行“安境”的法事，我被史语所派遣作为代表参加这一仪式，因此亲眼见过如何安抚阴魂的过程。乩童掷筊卜问，找出鬼魂不安的原因；法师祭起令牌宝剑，调动兵将；同时，职事人员焚烧纸钱，供奉酒食：如此恩威并用，软硬交施，务求安顿不高兴的亡灵。

台湾的民间故事之中，鬼魂作祟的传说，最著名者则是“林投姐”的故事。林投姐是一位台南女子，与一位周姓男子相恋，二人同心合力组成家庭，在事业上有个小小的生意。这位周姓男子，渡海回乡办货。在那边，他却移情别恋，抛弃林投姐母子不顾。林投姐气急，在林投树上自缢身亡。她冤魂不散，想要找到负心人报仇。但是，鬼魂过海峡，会被海神拦阻。后来，林投姐获得一位算命师的协助，将神祖牌夹带在雨伞之中渡过海峡。最终，林投姐的冤魂找上了负心人索命。另一说，则是林投姐搭乘到省会赶考的专船，因为举子是文曲星，海神不敢阻挡。

另外有一则周成游台湾的故事。周成也是一个小生意人，过了海就抛弃原来的情人移情别恋。身在故乡的女子怨恨负心汉，死后渡海来找他索命。这两个故事，基本上相当类似，应当是出自同一原型，也就是福建移民到台湾开拓时，心悬两岸、家庭隔离所造成的悲剧。林衡道先生则认为，这些故事大概都是大陆上各处都存在的“望夫石”主题，加上一些情节，组成现在的台湾故事。

看过《水浒传》的人都知道，宋江的外室阎婆惜爱上了宋江的徒弟张文远，宋江杀死阎婆惜，自己上了梁山。在这个主题上，又演化为“活捉张三”的传说：阎婆惜死后不忘情人，其鬼魂勒死张三，二人从此可以在另外一个世界长相厮守。这一个故事，与上述的台湾传说略有不同，前面是负心汉被惩罚，而大陆传播的传说，多少有点同情阎婆惜和张三，让他们死后长相左右。以上这些故事都是小百姓的经历，其实是将死后的灵魂当作生前生命的延续，其中并不牵涉佛教信仰的转世果报等等情节。

世间不平的事，处处都有，常常发生。有许多小民百姓，蒙受冤屈时总希望有人做主。于是，就出现了一系列“包公断狱”的传说。宋代的包拯是著名的清官，铁面无私。传说中，他在开封府尹任上平反了许多老百姓蒙受的冤狱。造成冤狱的恶人，有国丈、大臣、富户、土豪，包拯都能不畏权势，替老百姓做主。这一类的故事太多了，不必详说。传颂最广的，则是陈世美的故事。陈世美贫穷出身，进京赶考后得中状元，皇家招亲，公主下嫁，陈世美贵为驸马，但是忘记了老家还有发妻和两个孩子。发妻进京寻夫，陈世美竟然不承认自己的妻儿。最终，包公断狱，将陈世美铡死。包公的许多事迹，往往以“陈州放粮”作为开头——他一路接状、一路审判，断了许多冤狱，甚至将流落在民间的皇妃，断定为皇帝的生身母亲，冒了极大的危险，终于使母子团圆。

类似包公系列的故事，列朝都有，如唐代的狄仁杰、明代的海瑞及清代的施世纶。故事中，除了替老百姓申冤，还增加许多奇案的判断；那些情节，大都从著名的《洗冤录》中取得。总而言之，中国老百姓面对官府，尤其地方官迁就权贵、滥用权力，都是有冤无处诉。这些清官的形象，是为老百姓寻找情感上的寄托，不失为失望中的盼望。

这一系列包公故事之中，都会牵涉到一群江湖侠义人士，他们有时劫富济贫，有时也帮助清官平反冤狱。当然在中国的传说之中，这种江湖武侠之士也是一项主题。宋代经济发达，城市化现象快速呈现，在城市之中出现民间的娱乐，包括说书、街头剧等。这些艺人讲述的故事，宋代所谓“朴刀棍棒，英雄发迹”，往往从残唐五代、天下大乱的许多英雄事迹中取材。桃园三结义、瓦岗群雄聚义及梁山泊的故事等，都是这些主题的延伸。这些故事往往强调：武艺高强的侠客彼此以义相结，在江湖上活动，为天下抱不平；而其中有些人，竟然可以开创王业。人与人之间的义气，于是高于其他的德性：为了义气，一切不顾，舍身而无悔。回溯这些故事及其精神的源头，应是《史记》的游侠、刺客和唐代的传奇人物。明清以后，江湖和民间出现许多帮会，他们也借着侠客传说，树立以"义"相结的基本精神。

从这一系列的故事之中，我们也可以看到：忠臣烈士为国为民，却往往受到奸臣迫害，以至为国牺牲。也是从宋代开始，逐渐发展出来杨家将的系列故事。北汉的大将杨业归顺宋朝，成为防守山西边境的名将，号为"金刀无敌老令公"。在一次抗辽战役中，让他做先锋，本来安排的援军却迟迟没有出现，后被辽国大军击败，身为俘虏绝食而死。他儿子六郎杨延昭，也防守山西，乃一时名将。这些情节，演化成"杨家将"的故事，穿插了朝中忠与奸的斗争，武将与文臣的冲突。

这个系列故事中，杨家成为保卫国家的世代将门，一代一代的主将或是阵亡或是累死，剩下的是一群寡妇：祖母佘太君，孙媳妇穆桂英，率领了一门寡妇孤女，还有幼年的杨家子孙，仍旧为国效力。如果单看杨家将的故事，读者会有一个错觉，似乎宋代的对外战争，永远只有杨家是主角。其实杨家在六郎以后，仅见杨文广而已。在"尽忠报国"的框架内，后来就有对于张巡、许远、岳飞、于谦、袁崇焕等冤

杨六郎率军大破辽兵，熊大木《绣像杨家将全传》，清光绪十八年（1892）上海脩文堂石印本。

死的忠良引发的歌颂与哀悼，无不是平民百姓谴责政府和君主辜负忠臣良将，因此发生不平之抗议。

杨门女将的事迹，上承花木兰和唐初平阳公主娘子军，下面又延伸出樊梨花、秦良玉等女将的英勇事迹。这一个主题，毋宁是老百姓们伸张女子的地位，表扬她们的所作所为，认为巾帼可以超越须眉的观念的表达。

到后来，包公的故事与“杨家将”系列合流，角色中又增加了八贤王（德行的象征）、寇准（智慧的代表）和从民间回到皇宫的太后（能够压倒皇权的母权）：这些因素，给了正义化身的包公拥有铡皇亲国戚、文武百官和豪强刁顽的无上权力——一般小民百姓梦寐憧憬的保护人的形象，自此得以完成。

在本书的第七章，我会讲到家乡无锡奉祀对象，有张中丞（张巡）、于少保（于谦），而在于少保的祠堂中，又有夏允彝父子的牌位。在台湾关庙中附祀岳飞，也是常见的现象。现代武侠小说大家金庸先生的作品中，本章所述的情节几乎处处可见其影子。由此可知，这一系列传说在中国人情操中的影响。

本章所说，从开天辟地以至江湖豪侠，从男女私情到精怪现象，涵盖的范围看上去似乎凌乱，却也代表了中国一般老百姓的喜恶和褒贬。一般老百姓，很少会在谈话时引用四书五经、二十四正史，他们的历史观，就是这些故事串联在一起的一套评价体系。他们认可的价值，也就是人与人之间彼此对得起，人间必须有公道，世上必须有正义。这一章的内容，可以和第七章有关宗教的内容对读，我想提醒大家的无非是：第七章中所谓“人间化”和“世俗化”，同样呈现于传说和故事的编造和传播。

第四章

多元互动的秩序

中国的文化中，事物的分类有其特色。我们熟悉的五行、四季、三辰，都是分类的理念。这种种观念里，五行是最有代表性的一套分类法。早在新石器时代，浙江的良渚文化就有一些作为礼仪中心的人造土山。其中有一处土山，山顶上就有一个筛过的细土筑成的平台，平台上有青、红、黑、白、黄五个颜色的泥土各占一方，黄色在中央，这个也许就是中国五行观念的开始，金（白）、木（青）、水（黑）、火（红）四方，再加上一个中心的土（黄）。

春秋晚期以及战国，有一个所谓五行学派出现，面对世间的事物和变化，用金、木、水、火、土各自的特性和彼此间的生克关系来解释宇宙间的许多现象。这一个学派究竟和良渚文化代表的古老传统有何关系，我们很难确定。至少，这一个学派，和另一个所谓阴阳学派，都尝试以形上论建构的观念，解释并驾驭我们所知道的一切现象。

此处，我们先讨论关于五行的观念。《尚书·周书》的《洪范》篇，假借商代贤人箕子提出“洪范”九畴的理论，说明商代建立的文明系统，如何将世界的运转和个人的行为纳入一定的规律。这九个元素之中，大都是以“五”为基础来解释什么叫作“五行”——第一项就是五种事物，第二项是五种人类的行为和能力，第三项是八种管理的工作，第四项是五种祭祀的方法，第五项则是说明五种好的治理的形态，第六项是三种不同的性格，第七项是十种占卜的方式和解释事物的规律，第八项是五种纪时的方式，第九项是五种福泽。这九类将政治、社会和天人之间的关系，都列入今天称为的“范畴”——“范畴”这两个字，就是洪范九畴简略而成的名词，用英文来解释就是 categories。

在中国的文化史上，春秋正是一个轴心时代，人们开始以抽象的思考和超越的观念来解释周遭各种现象。在其他的文化系统中，他们的轴心时代也有类似的以抽象与超越的思考来解释宇宙的活动。例如希腊的亚里士多德，就有专论来讨论事物的分类。犹太教和基督教的经典，也常看见以各种分类去说明宇宙的变化和人间的系统。在中国，长期以来，上述范畴提出的一些名词和观念，始终传而不断。到今天，中国传统的医药——所谓“中医”——和中国式的烹饪，还经常以五行观念作为运作的依据。

五行，是金、木、水、火、土，将宇宙万物分成可见的天然因素。其中“金”一项的出现正是说明，中国当时已经进入铜器时代，才有“金”的观念。相对于中国，印度只有风、土、水、火四个观念，没有金。在《洪范》之中，已经列出五行的特色。九畴中的第一畴，就列举水、火、木、金、土：水的特色是润湿，水或是往下流动或是往下渗透；火的特色是火焰上冲；木的特性是有曲有直，但曲的可伸成直，直的可弯成曲；金是不断地在固体、液体、气体之间变化；土是最重要的，是农业生产的基本条件。《洪范》之中也将五种味道，分别配属在五行之中：水是咸的，这一观念大概是海水的咸性得来；火是苦的，碳的味道是苦涩的感觉；木是酸的——究竟怎么得到木是酸的观念，我们不知道，我们可以推论，水果没有很熟之前都是带酸的；金是辛辣、冲鼻的，我想在铸炼青铜合金时，可能会发出刺鼻的味道；土长出来的庄稼，却是我们生活最重要的资源，无论大米还是小米，咀嚼之时都有甘和的味道。

五行不仅是一个生一个，所谓“五行相生”；也有彼此相克，水胜火、火胜金、金胜木、木胜土、土胜水，这一系列的相克，我们不必解释就可以理解。相生相克，互相配合，才能得到五行各种元素的协调（与生克现象类似的易经八卦变化，将在别处讨论）。可是在相生相克的过程中，还是会有彼此强弱的差异。理想的情况是强弱相当，恰到好处。例如，金能生水，但是强金要得到水，才能有锋口；木碰到金，是金属的工具可以砍伐木材，砍得太多又损害了木材；水多土少不免泛滥，水土相合才能种植。这种种的解释，大都是从日常生活之中体验而得。在传统生活中，在在处处也离不开五行的元素：农业耕植、收获庄稼需要土；居住的房屋是木结构、瓦顶、土墙；土堤防水，深井取水；日常烹饪，土灶、木炭、铁锅，水火相济方能烹茶煮饭。这一串的日常生活条件，就是五行的互相配合。在传统时代，五行的观念的确和人生密切相关。甚至于在前几年，我和曼丽在西湖休闲，也切身感受了一番：北山路湖边一个小茶座，主人准备桌椅，又有个小炭炉支锅煮水，锅中挂了铜罐暖酒，另有一个竹勺，随时取锅中滚水，倾注于小茶壶中泡茶，近处树枝上悬挂几个风铃，叮当作声。这么一个简单的日子，一点小小的享受，包括了金、木、水、火、土，俨然五行具备。

到了汉代，五行的观念显然已经深入人心。以中国的文字而论，“六书”之中形声字最多。所谓形声是以字的分类部首为归属，而以发音和归属的部首合而成字。许慎编著的《说文解字》，是中国第一部字典。他的编排，“方以类聚，物以群分”，将整个的文字系统分成二百多个类别。这部字典不仅是字书，而且具体地反映了他那个时代的宇宙观。凡是在“木”部之下，不是各种树木，就是各种以木制作的工具和器材；在“水”部之下，有各种河流、各种水流、湖泊、池塘，也有各种液体状态的事物，与水气有关的现象。诸如此类，我们不必细说。这也许是中国文字的特色，如果是拼音文字，就很难用具体的形象呈现各种事物和现象。

《说文解字》中，形声字的比例超过其他五类，应当有百分之七十以上。清代的《康熙字典》，是中国最后一部以传统方法编制的主要字典，所收的字数有四万七千零三十五字，分别归属在二百十四个部首之下，其中最多部分是形声字。我自己将主要部首的字数稍作统计，得到的结果是：属于金、木、水、火、土这五个部首，再加上附属的部首，例如三点水或是四点火，金、木、水、火、土这五类的字数，总计一万二千七百九十一个字；这些字归属的部首，五个正项加上三点水等类的部首变项，共占有十个部首；这十个部首，只占了部首总数的百分之四不到，却占有总字数的四分之一，其集中的程度，在比例上超过应有配额六倍之多。相对比较，牛、马、羊、鱼、鸟、禾、豆，这一类常见的动、植物，每一部首之下字数不过数十到数百而已。五行观念在中国人的宇宙事物分类之中，其影响之大由此可以瞻见。

在今天中医的医学理论之中，五行观念还是最主要的形而上的理论依据。《黄帝内经》是中医最重要的理论典籍，其主要的理论就是将五行和身体的器官及各种力量的强度，都放在五行之下，可以列表如下：

木火土金水

肝心脾肺肾

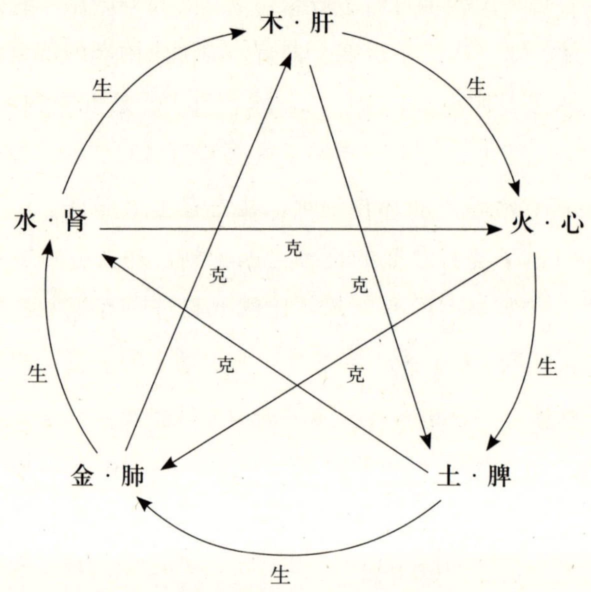

五行五脏对照图。五行是传统中国贯穿政治、文化、社会以及日常生活等各层面的一个重要观念，而中医又以五脏与五行相配，认为它们存在相生相克的关系。

春夏长夏秋冬
温热平凉寒

身体之中的肝、心、肺、肾、脾，各自归属在木、火、金、水、土之下；又分别说明其性质，分别是温、热、凉、寒、平；根据四季和四方——四方的中央是土，四季中间，中医在夏天的后段硬切出一个长夏，这种做法相当勉强。同样相当勉强的，就是冬天的寒、夏天的热、秋天的燥和春天的温，如何处置？

中医理论认为，人的身体其实就是一个小宇宙，外面大宇宙的变化，对小宇宙有一定的影响。中医就以这些理论，说明每个器官具有本身应有的特性，季节的转换会引发器官本身变化，许多器官之间的变化彼此牵引，失衡到一定程度就会发生疾病。在中医的认知系统之中，春季容易发生温病（今天瘟疫的“瘟”，还是从“温”的观念转化而来）。夏季容易发生热病，如我们日常说的中暑，就是这种观念。秋季天凉，冬季寒冷，也是疾病常发生的时候。在季节变化以外，人的情绪会经常发生变化，饮食、环境等外在的状况也会发生变化，种种现象都会造成人体内部器官失调的现象。这些变化所导致的人体内部失去平衡，就是中医所谓疾病产生的原因。中医调治身体，其基本的原则又是将引起变态的偏差加以矫正——过寒的，以温补；过热的，以凉泻……

中医的诊病，讲究望、闻、问、切：望其颜色，闻其味道，问其经过，切其经脉，以判断身体内部的偏差所在。中医用药以草药为主，辅以一些天然的化合物。每一种药物，根据经验都被分为温、凉、寒、热、和五类。在中医观念中，每一种药物本身都拥有某些特性，如果直接用来克制或补足，药性可能太强或太弱。太强的药必须用另外一种药来削弱一些强度；太弱了，则用另一种药来加强其力量：这两种药，代表一“君”一“臣”。如果中间还是会有矫正过度，或是不足之处，又要加两味药，补足微小的特性。所以，第三种辅助的药物被称之为“佐”，最后一项微调的部分则是“使”。除了君、臣、佐、使这四类药，还有“药引”，也就是用来下药的水、油、蜜、酒等类。以“汤头歌诀”中的《麻黄汤》为例，这一治疗恶寒、发热、头痛、骨节疼痛——今日常用名词为“重感冒”——的汤药，其中麻黄是君药，能够发汗解表；桂枝是臣药，助麻黄解表；杏仁是佐药，助麻黄平喘；甘草是使药，调和诸药。“君、臣、佐、使”也可称为主药、辅药、佐药、引药，有的把佐药改为次辅药。

《汤头歌诀》的四物汤：“四物（汤）地芍与归芎，血家百病此方通。[当归(酒洗)、生地各三钱,白芍二钱,川芎钱半。当归辛、苦、甘温，入心脾，生血为君；生地甘寒，入心肾，滋血为臣；芍药酸寒，入肝脾，敛阴为佐；川芎辛温，通行血中之气为使。] 八珍（汤）合入四君子（参、朮、苓、草），气血双疗功独崇(四君补气,四物补血)。再加黄芪与肉桂(加黄芪助阳固卫,加肉桂引火归元)，十全大补（汤）补方雄（补方之首）。十全除却芪地草（除生地、黄芪、甘草），加粟（米百粒）煎之名胃风（张元素治风客肠胃，飧泄完谷及牙闭）。”这一四物汤的调配，完全符合君臣佐使的安排。

中医的方剂，君、臣、佐、使是四个重要的项目。每一位中医的医师，根据自己的判断斟酌处方。中医医学并没有定性分析，药方中诸项药物的强弱，只能由医者凭经验和直觉加以衡量。中国传统医学，有“医者，意也”的说法，亦即“只能意会”。于是，每一位医者开出来的药方，君、臣、佐、使的配方并不会完全一样；种种微调过程，也未必完全遵守“君、臣、佐、使”四项的观念，往往必须以五六项甚至七八项组合成方。用药特别精密的医生，在“君”药这一项就可以有四五种，“臣”药这一项也可以有四五种。“名医”的处方，列入的药味往往很多。中医的药材，从唐代以后以《神农本草经》作为记载药性的专书。《神农本草经》包含的药物以草药为主，加上一些其他辅助药品，可说是药材的分类学辞典。到明代，李时珍的《本草纲目》就成为中国药典最完整的结集，也是讨论一切方剂成分的经典。

中医的医书，在“本草之学”以外，有所谓“方剂之学”，收罗标准的“验方”。历代医者参考的验方专书，有葛洪的《肘后方》，孙思邈的《千金方》，清代汪昂所著、民间医师最常用的《汤头歌诀》等。这些验方，聚集了常用的、有效的药方，传流于各处。每一位医者都会参考这些验方，经过使用后又加以修改，并将修改的过程注入正文。经过一代又一代不断修改、不断增添，一个验方可能衍生为一串不同的药方。中国传统医药，也有一些成药，例如保济丸、诸葛行军散、桔梗枇杷膏等，它们的成分就非常复杂，在君、臣、佐、使之外，又加减了许多药剂。这些药物加减变化，都是医生与药局自己摸索出来的经验。如此过程，是实证的发展，用今天的术语说，是临床经验的记录。

五行生克理论体系指导下的传统医学，只能说是运用一种哲学的思维，将人体当作一个小宇宙，与大宇宙相配平行来讨论病情、用药施治，并没有经过对药物的化学分析。因此，传统医药并不能算是科学。然而，经过长期的经验积累，它确实发展为一套有相当功效但也有一定局限性的医疗方法。

与传统医药平行的另一套医疗方法，则是针灸之学。早在新石器时代遗址中，就曾出现用尖锐的石器作为医疗用具的遗迹。在日常经验之中，每个人都可能经历过身上某一处如被尖物碰撞就会发麻的现象。这一现象，当然是因为偶然，以尖锐的物体碰撞了某处神经的节点，产生了痛感或麻感。针灸之学也许就是从这条线索逐渐开展的医疗方法。

中国针灸之学，虽然也以五行观念为基础，然而其理论假设，则是所谓“精、气、神”的观念。自古以来，对于这三个名词有不同的理解，此处，我们无法在此仔细讨论。王阳明的在《传习录》中认为，精、气、神只是一件事：“流行为气，凝聚为精，妙用为神。”简单地说，我们可以理解为：“精”是生命的本体，“神”是生命中呈现的理性和感性，“气”则是把生命之力量，有些人称之为能量，分布于各处。人身体各处的生理反应和人的行为，其实都与神经系统有关。另一方面，血液和淋巴液周流全身各处。人的整个身体，是几个大的循环系统叠合，才有各种器官之间许多结构性功能的配合。中国的针灸，主要就是要认识和控制各种流转的气。今天研究针灸的学者大多认为，针灸的穴道系统与神经系统有密切关系；也有些学者认为，淋巴液的周流与血液的周流也是针灸处理的对象。我们至今还无法确认，上述诸说孰是孰非。尤其，淋巴液并没有一定的管道，如何认识淋巴液的所在和流动路线，其实相当困难。

中国针灸之学，主要是要寻找和刺激穴道，以此来调整人的身体机能。在汉代，针灸学者大约已经认识一百八十个穴道。到了今天，据说已经找出的穴道有七百多个。穴道不断增加的过程，大约是从偶然发现经由不断地验证，确认新穴道的所在的过程。针灸医师有一个特别的名称“阿是穴”，“阿是”乃江南方言“是不是”，也就是说，医生碰到了一个穴，有了反应，就问是不是这里？逐渐累积，医者认识的全身穴道就不断增加了。

人体穴道，从头顶上的百会穴，到脚底的涌泉穴，在今天一般的医书和铜人图上，大概确定的有三百多处。这些穴位有种种不同的名称，有的称为“关”“门”“口”，有的称为“府”“库”，有的称为“海”“泽”“池”。这些名称串联在一起，让人感觉到人的身体俨然是个立体的地图：有的是某种物质或能量的储存点，像府和池；有的是其通过的关口，例如关和口；最多的才是穴，既是储存基地，又是可以穿过的通道。在这些交叉点上以针刺穴，就等于在今日公路系统的某个地方设了个“改道”的标志，将交通导向另外一条替代的道路。针灸之学认为，气堵塞即会招致疾病。治病之道，就是必须找一条替代路线，让堵塞的气血开始流通。或者在塞车的地方，有计划地控制车流，纾解阻塞的现象，这是另一种思路。

如此比喻，今天经常开车出门的人，必定能够体会针灸之学的理论基础——也就是拿人体作为一个小宇宙，将大宇宙之中发生的现象引申为小宇宙中“能量”的流转。针灸之学的通与滞，也可能由于身体受到外来影响，干扰了原来的流转系统。例如，多吃了不适合的食物，造成了身体内部累积的营养比例不适当；不适当的行为，也会影响到身体内部的平衡。凡此外来因素，或自己本身内部的反应，都会导致身体各部分的失调而引发疾病。针灸的处理方法，或是疏通身体内部堵塞的管道，或是借用别处储存的“能量”转移到病患所在，调整其失调之处。

这一套理论，基本上也建立在人体本身是一个自然平衡系统的观念之上。在失调的时候，借由人体本身趋向平衡的能力，矫正身体的偏差及因此发生的病患。针灸和传统医疗一样，都假设人体本身是自足的；即使有外来干扰，人体自身也可以调整，设法将外来干扰引发的病患消除。中国的医疗理论，缺少对于细菌和微病毒的认识。于是，中国医药对于传染病和其他因为感染而发生的疾病，并没有很好的解决办法。中国文化中，小宇宙和大宇宙互相呼应，这一个形而上学理论，影响中国人身心，也影响中国人的世界观。

与中国医药理论相通的，是中国的烹饪学。也许从五行观念中延伸而得，也许是直接体验得来的经验，中国的烹饪之道，讲究“五味”的配合与均衡。五味即甜（甘）、酸、苦、辣（辛）、咸，一道好菜需要五味彼此配合均衡才有味道。五味代表了五行，又间接说明了人体对于各种营养素的需求。

人类生活之中不能缺少盐，这是所有人都有的经验。早在新石器时代，盐就是一种商品，从产盐之地被转运到各处。人类缺少盐，也往往设法从动物的血液中吸取盐分。盐是五味中最重要的一种。中国古代的甜料，最初并没有蔗糖：蔗糖是从印度传播过来的一种调味品。古代的糖料大概是以蜂蜜为主，后来又发展为从各种谷类酿造得来的饴、酿等类甜料（麦芽糖、酒酿之类）。最早的酸，大概是取自青梅和其他酸性的果实，苦则是取自苦菜（荼）之类的植物。辛辣，最初并不包括今天的辣椒——这是新大陆培养出的一种辣味，要到十六世纪才进入中国——中国本身的辣味，大概以姜为主，也可能包括椒类的植物。到了近代，烹调佐料才大备。尤其重要者，麦、豆酿造的酱、酱油、豆豉之类，成为咸味的辅助佐料。谷类发酵糖化为甜酒酿，进一步成为酒，酒酸为醋，增加了甘、辣、酸诸类佐料。外来的辛、辣植物，又使得中国人在姜、椒以外多了诸多选择。

中国的烹饪文化，牵涉到不只是五种味道的彼此调和；对于食料，烹饪文化也应用五分或四分的范畴来解释和理解。此处，我们引用两段文字，说明这种对于食料或者味道的分类以及彼此之间的关系，早在春秋战国时期已经建构了一套系统。《左传》中有一段文字，以烹饪与治国的原则相对比，指出五味调和的重要性。这一套系统的基本精神，是指出不同因素之间的配合，远胜于单独一种因素的独占。

> （《左传》昭公二十年）十二月……齐侯至自田，晏子侍于遄台，子犹驰而造焉。公曰："唯据与我和夫！"晏子对曰："据亦同也，焉得为和？"公曰："和与同异乎？"对曰："异。和如羹焉，水、火、醯、醢、盐、梅，以烹鱼肉，燀之以薪，宰夫和之，齐之以味，济其不及，以泄其过。君子食之，以平其心。君臣亦然。君所谓可而有否焉，臣献其否以成其可；君所谓否而有可焉，臣献其可以去其否，是以政平而不干，民无争心。故诗曰：'亦有和羹，既戒既平。鬷假无言，时靡有争。'先王之济五味，和五声也，以平其心，成其政也。声亦如味，一气，二体，三类，四物，五声，六律，七音，八风，九歌，以相成也；清浊、小大，短长、疾徐，哀乐、刚柔，迟速、高下，出入、周疏，以相济也。君子听之，以平其心，心平，

德和。故诗曰‘德音不瑕’。今据不然，君所谓可，据亦曰可；君所谓否，据亦曰否。若以水济水，谁能食之？若琴瑟之专壹，谁能听之？同之不可也如是。”

《吕氏春秋》里面有篇文章，虽假借商代伊尹的理论，实际上应当反映了战国到秦初关于烹饪的观念。这一文章之中，牵涉的就不仅是五味的调和，而更强调食料本身的特性，以及各种食料之间的配合。同时，也相当程度地讨论到当时已经使用的烹饪方法。《吕氏春秋·孝行览·本味》记载说：

汤得伊尹，祓之于庙，爝以爟火，衅以牺猳。明日，设朝而见之。说汤以至味，汤曰："可对而为乎？"对曰："君之国小，不足以具之，为天子然后可具。夫三群之虫，水居者腥，肉玃者臊，草食者膻。臭恶犹美，皆有所以。凡味之本，水最为始。五味三材，九沸九变，火为之纪。时疾时徐，灭腥去臊除膻，必以其胜，无失其理。调和之事，必以甘酸苦辛咸，先后多少，其齐甚微，皆有自起。鼎中之变，精妙微纤，口弗能言，志不能喻……故久而不弊，熟而不烂，甘而不哝，酸而不酷，咸而不减，辛而不烈，澹而不薄，肥而不腠。"

这篇文章中列举的食料，我们挑选了一些在今天还常见的一些动物、水产、果蔬，该文提出的另外一些传说性食材（例

魏晋墓葬壁画中的烹饪宴饮图局部。图中反映的应是富户家厨房中仆人切肉的场景，引自《中国出土壁画全集》09，科学出版社，2011 年。

如凤凰的蛋），则不予列入。

肉之美者：猩唇、獾炙……鱼之美者：鳟、鲕、鳖、鳐……菜之美者：苹、华、芸、芹、菁……和之美者：姜、桂、菌、醢、盐、露……饭之美者：禾、粟、穄、秬……果之美者：棠实、甘栌、橘、柚、石耳……

从水陆荤素种种食材看来，即使当时皇室享用的食材相较今天也远为简单。可是，也有不少食材，尤其是蔬果和配料，还存在于今天日常的饮食之中。至于饭类，却没有将麦类列入，也呈现了当时知识的时代性，因为中国人将麦类尤其小麦磨成的面粉包括于主食之内，虽已见于汉代，却要到唐宋以后才是更为普遍的现象。

从上文的叙述我们可以发现，烹饪文化中的分类法是勉强将四分法与五分法合并为一。如前文所述，五分法与金、木、水、火、土五行有关，四分法则与“四方”和“四季”两种空间与时间的划分有密切的关系。在上面引文之中，还没有清楚地呈现两套系统合并的分类法。在后代有关烹饪文化的典籍，以及近代一些食家和所谓食疗的文字中，四分与五分则是平行呈现于食材特性的讨论。

秦汉以后，讨论烹饪文化的文章也不算稀少，我们无法一一列举。此处只介绍元代《饮膳正要》和近世中医主张的食疗观念。一般言之，食疗对于食材的分类，分别归属于热、温、凉、寒这四种特性。这四种特性的出现，与一年四季的气候变化又互相关联。举例言之，在中医常见的观念里，这四个季节成长的谷类和果蔬，就分别具备他们成熟季节的特性。于是，春季早熟的麦子就具有春天的特性，是温；夏季成熟的高粱和粟稷，就具有热性；秋季成熟的稻米，具有凉性；豆类则有寒性。这种分类法所描述的食材的特性，其实与上述四项淀粉类为主的食物并没有真正的关系。因此，如此分类，只能代表一种形而上学的理念，而不是实证经验的结论。

同样的原则，传统食材学将水果颜色分成四类或者五类，按照他们成熟的时节来判断他们的特性。于是，李有春天的温性，杏子有夏天的热性，桃有秋天的凉性，栗子有冬天的寒性。类似的分类方法，还可以应用在五种动物上，鸡肉是温的，羊肉和牛肉是热的，马肉是凉的，猪肉是寒的。更为奇怪的分类法则是按照颜色分，在我们尝试的范围中，柑、橘、柚应当是同类的果实，却因为橘子色红而将其列入温性，柚子色白而被列入凉性，柑类色黄，正在红、白之间，也就具有中和的特性。这些分类，显然是一种硬性的分配，并不完全符合这些食物的特性。

针对动物的分类法中，描述鸡、牛、羊、猪的特色时，就与这一节的分法完全不同。中国的食疗观念中，往往将肉食分别归纳在水陆二类：陆地的禽兽（鸡、鸭、鹅、牛、羊、猪），和水产的鱼、虾、鳖、蟹。将陆产分类为比较温热的一类，而将水产列入寒凉一类。在禽兽之中，又分比较野生的和家畜的两项：鹿和羊都是在山野之中，是热性，牛中性，猪是温性；鹅、鸭野放为多，是热性，鸡都在家中畜养，则是温和的。显而易见，这些分法是完全主观地迁就四季和生长环境，并不是由实证的经验得来。综上所说，我认为中国的食疗学和医疗学密切相关，对各种食物特性的分类法，与今日生物化学研究的脂肪、纤维、糖分、维生素等观念，没有任何学理上的关联。这套观念，毋宁是中国文化中传统的生态理念，是一种意见，而不是学术研究的成果。

这些分类法，在日常生活之中时时可见，也正反映中国形而上学理论的一套理念，已经深入人心，成为日常经验的一部分。类似的观念，从饮食习惯中也可以觇见。我的长辈和我这一代习惯中国饮食的老人们，进入餐厅点菜的时候，习惯于点四个菜，相当平均分配于荤素水陆四个类别。同时，平日的饮食，尤其病人和孕妇、产妇的食物，都有一套老人们传下来的禁忌。

抗战以前，中国传统文化还没有完全消失，而一般的生活条件，也没有经过战乱和革命的破坏，至少中产阶层以上还有能力讲究饮食方式。在我记忆之中，家常饭菜确实也有四菜一汤、水陆荤素平均分配的习惯。在比较正式的宴席上，最起码是两套四菜一汤，或扩大为四热炒、四大菜，就是八菜一汤——凡此，可以不断扩大为宴席。除食料的水陆荤素分配以外，还加上蒸、煮、炒、爆等不同的烹调方法的考量。因为烹饪必须加热，加热的方法，可以是直接用火（烤、烘、烧、熏、炙等）；间接的加热方法，又可以分为以水加热（蒸、煮、煨、炖、熬等），以油加热（煎、炒、爆、炸、烙等），还有以泥包裹隔热的间接加热（焖、煨等）。此外，还有凉拌生吃和腌制（盐腌、酒泡、醋浸、糖蜜、酱制和香料泡制等）。烹饪佐料的使用，因为选择多了，更多出来种种配合。大致言之，任何菜肴的制作，无不使用多种佐料，其中酱油的功用尤为显著。烹饪佐料，似乎也有主次分别：咸、甜相辅相成，酸、辣互补，辛、苦陪衬——俨然相当于医药的君、臣、佐、使，和合得味。这种种不同的方法，又个别与前面所说的温、热、凉、寒等等观念配套。

中国烹饪文化，在世界的食物加工文化之中堪称复杂细致。其中，一部分原因是历史的累积，中国各地的物产，因为气候和水土条件不同而有极大差异。到今天，中国烹饪法还有四大菜系或者八大菜系的分类，或者更多以省份、地区划分的烹饪种类。中国不断与各地区的其他文化接触，常常引进、吸收外来的食料和烹饪方法，累积更多的经验，整合为复杂的中国烹饪文化。在这整合过程之中，由于中国医疗文化的大、小宇宙互相映射，本章所叙述的范畴理论，也就成为组织这种复杂文化的形而上的支撑。

总结言之，无论药疗、针灸、烹饪，中国文化都根据四分、五分种种多元因素或成分之间的彼此互动、互相补助，发展为复杂的动态系统。中国人的日常生活中，处处体现如此多元互动的变化。这是中国文化特具的宇宙观和生活态度——一种与世界别处文化迥然不同的观念和态度。

第五章

永远变化的宇宙

本章是以中国传统经典《易经》呈现的世界作为主题，反映中国人所持有的宇宙永远变化的观念。《易经》这部书在中国的十三经中具有特别的位置。虽然儒家的理论把《易经》当作周文王撰写、孔子加以解释的一部儒家经典，实际上《易经》所讨论的占卜方法，其来源更为久远。中国古代史的读者都知道，殷商时代就有占卜的方法：在牛骨和龟甲上烧灼裂痕，然后做出预言判断吉凶。这一套方法的实物证据，就是殷墟和其他殷商时代遗址不断出现的许多刻有卜辞的甲骨片。然而，从《左传》和《国语》中我们常看见，通过甲骨进行占卜只是预言方法之一；另有一个与此相配的方法，则是《易经》所呈现的筮法。卜法和筮卦两者并行，互相验证。二者之间，似乎骨卜的权威性较高，而筮卦的预言书却有更详细的解释余地。

在我看来，这两个占卜预言的方法，可能代表两种文化各自发展出来的预言术。筮卦可能产生于殷商以外的地区，其词句呈现的自然景观，似乎是有高山，山下还有谷地——不是一个低洼的峡谷，而是沼泽形态的积水草地。《易经》爻辞所提及的现象，包括马队和迎亲部队，也提到以羊为食的烹调。这种景观和文化形象，可能是在今日陕、甘两省一带，有高耸的雪山，也有因雪水融化后流到平坦地方形成的草地。新石器时代以来，这一地区有相当独特的文化，而且长期维持农牧并重的生活方式。这一地区，也恰是周人和他们的盟友姜姓所在的地区。既然传说中周文王和《易经》有关系，我们固然不必认为周文王是《易经》的作者或者改编者，却也无妨将《易经》的筮卦预言，看作中国西北部发展的预言术。

《易经》的占卜，是将四十九根筮草，经由三次拨分为二，最后得到的一部分，或者是单数，或者是双数（今天的卜卦，有些人不再用筮草，改用掷茭或金钱，以其正、反面代表单、双数），单、双数配合排列，构成《易经》的图像——亦即以单数，作为一个长横的阳爻，以双数作为两条不连续的短横，就是阴爻。以一长、两短横的重叠，可以有四种重叠的方法；如果以三层堆栈，就有八种可能性，这就是八个卦的名称。

前面所说的八个基本卦：乾为天，坤为地，震为雷，巽为风，坎为水，离为火，艮为山，兑为泽。乾和坤，分别代

商代的甲骨。现藏美国大都会博物馆。

仰韶文化时期马家窑式蛙纹盆，现藏瑞典斯德哥尔摩远东博物馆。

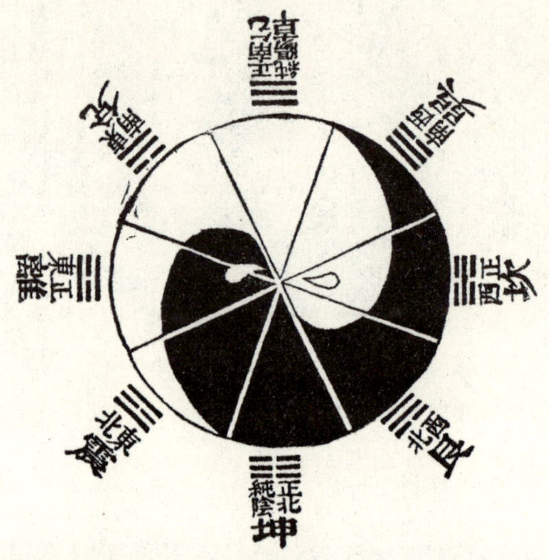

《古太极图》，引自清人胡渭辑著《易图明辨》（商务印书馆丛书集成初编本，1935 年）。

表阳性和阴性、正面和负面、积极和消极、主动和被动；同时，单纯的乾代表男子，单纯的坤代表女子（这种观念，当然是在男性主导的社会呈现的现象，今天不足为训）。除了乾、坤，还有山（艮）和泽（兑）、风（巽）和雷（震）、水（坎）和火（离），这四对都是两分的对立。然而，阴阳是要配合与协调才能达成统一的。水火既可以互济，也可以互克。风雷是对设的，雷是从地而起，风是从上而下——请想象在广大的草原上，气候剧变，狂风从上面刮下来会有一声霹雳，好像上下对抗；风雷并起之时，就会大雨疾降，又是一个冲突与互济。山是高耸壮伟的，泽是山下面很宽广的基础：没有泽的低平，就无法显示山的高耸；没有高高耸立的山，泽也无法聚集那么多山上流下来的雪水。这四对相反相成的因素，还可以继续组合出无穷的变化。

用现代物理的力学观念解释，乾、坤与艮、兑，这两对四卦都具有位能，它们位置的转换即可产生能量，导致变化。震、巽与坎、离，这两对四卦都具有动能，介入他卦，也会导致变化。八卦的排列组合，即可导致三百八十四项“形势”，呈现相应的个别变化。

从前面的附图，可见乾坤等八卦的名称以及它们的组合方式。更进一步，如果上面八卦中两个卦叠在一起，就有六层的长线或者短线，总数就有六十四个卦象，这就是更大的分类群体。

易卦的卜卦，要在这六层之中找到对应的某一层作为预言的现象依据：这个可供选择的群体，就有三百八十四个个别的现象。易经的内涵，就是根据这三百多个现象，结合更为具体的个别事物给予一个说明，或者是好，或者是坏。说明的时候，有所谓爻辞举出一些例证，以代表这个现象。这六个层次里边的某个层次，从下开始往上走，是未来的发展方向。于是，一个爻就是这一个层次代表的现象；将来如何发展，也可以看出一个趋势。筮卦更进一步，还可以将六十四卦中的某一个卦，和另外也找出来的卦彼此联系，使得某个卦象里的某个爻辞所代表的情况，又有了更多可以作为预言的参考。换句话说，这是一种二进制的数字，跟我们习惯的十进制不一样，倒是和计算机今日的方法相当一致。三百八十四种不同的现象，确实也可以包含许多人类生活中可能发生的情况。

《易经》是讨论变化的经典，自古以来，对于“易”这个字有三种解释：一个是经典本身；另一个是“变易”，也就是变化；第三个是“不易”——一切变化都在不断进行，但是一切事物都是不断变化的这一“现象”却是永恒不变的。易学的学者们常以蜥蜴作为“易”的原称，蜥蜴是不断变颜色的小爬虫，正是借喻《易经》所说的变化现象。

一长划、两短划的代表符号，也曾出现于新石器时代陶器的壁上或边缘。张政烺先生认为这些符号代表着某些讯息，花费近二十年之力，一直希望能够解读这些符号的意义，但他的努力却没得到结果。这符号究竟是代表一种隐喻的暗码，还是代表一串数目字？这些数目字又代表什么意义？我们至今还无法解读。我特别提起张先生终生努力尝试解读卦辞，则是希望有朝一日我们能够解读这些暗码。而在目前我们只能说，《易经》中的暗码言词简单而模糊，留下许多空间，让解读爻象者自己来理解，对于预言的疑问才能有切合具体情境的解说。

以乾卦为例，在《易经》中乾卦是第一卦，代表的爻象是六根长线，分成两阶，有六个层次。下面就是对乾卦的说明：

卦辞

乾：元亨，利贞。

彖曰：大哉乾元，万物资始，乃统天。云行雨施，品物流形。大明始终，六位时成。时乘六龙以御天。乾道变化，各正性命。保合大和，乃利贞。首出庶物，万国咸宁。

象曰：天行健，君子以自强不息。潜龙勿用，阳在下也。见龙在田，德施普也。终日乾乾，反复道也。或跃在渊，进无咎也。飞龙在天，大人造也。亢龙有悔，盈不可久也。用九，天德不可为首也。

爻辞

初九：潜龙，勿用。

九二：见龙在田，利见大人。

九三：君子终日乾乾，夕惕若。厉，无咎。

九四：或跃在渊，无咎。

九五：飞龙在天，利见大人。

上九：亢龙，有悔。

用九：见群龙无首，吉。

从第一层的初九，到最后一层用九，乾代表的是刚和健的力量，即所谓自强不息。爻象所呈现的，也是从潜伏隐微的龙，逐步进入田——就是原野，然后进入渊，这一路都是好事情，而且得到重要人物的帮助。第五阶的时候，已经是飞龙在天，气势非凡。然而，到了第六阶却是亢龙有悔，也就是到了尽头，太强、太盛了，已经没有进展的余地，物极必反，成为一个难局。在中国一般的理解是，一个人占有顺势的时候，做一切事都顺势；可是到了登峰造极的时候，往往却悔不当初。这个境界，是只有往下塌，没有再上爬的空间了。于是，总结的建议则是群龙无首——让许多大龙同时存在，不要独占唯一的优势。乾卦代表的意义，在中国人的心目之中，是给进取心很盛的人一个警戒，让他知道登峰造极的地步，也就是无路可走的境界。

再以第二十三卦的剥卦为例。剥卦是一个非常凶险的卦，阳的力量几乎已经没有了，整个卦象显示阴的力量非常强势，每一步的发展都是不利的。剥卦代表的是失落，山也塌了，地基也不稳。可是坏到尽头处，却是转机所在，因为已经不能再坏了；不能再坏的关口，就是可以再起的机会。所以，君子作为有用的人，这时候不能放弃或是沮丧，必须在此寻找机会，坚持以正道进行，下一步才可以转为复卦。最后，在上九的阶层，是最后一卦的总结：君子已经有车可用，就可以继续往前进行，不会困于原处；一步一步失败的最后是继续进行。这一卦的用意，也正好是乾卦的反面，警戒世人最不幸的情况却可能是转好的机会。

六十四卦的排列，可以组合成为一个多角形的图案。在早期，各卦排列的方式似乎是一对一对的，相对而又相成的诸卦，放在对角线的位置。例如，乾的位置是在右上方的东北角，与它对称的坤，则放在左下方的西南角，其他各卦都是如此安排。这种安排方式被称为伏羲卦，后来改为文王图，强调相对和相成的两分辩证。后来，改排成为逆时针的方向，以相对相成的两卦前后相接，整个的排列则显示了吉凶更迭、成败交替。例如，乾和坤一阳一阴，彼此相背而又相成，剥、复，损、益，等等，起伏翻覆的现象同样如此。整个卦盘，显示了变化的方向。

前面附图显示的太极图，是二鱼追逐的图案，充分表达了不断转动的变化。而且，黑白各自所占的图面，无法截然区分为半黑半白，如果过圆心画出一线，循着圆周移动，则这条线没有一处是全黑或者全白。这就意味着黑和白之间的转移，不是忽然而起、截然而止，黑中都有白，白中都有黑：这正是二元辩证之道。黑白颜色转变，都是预先埋伏在未变

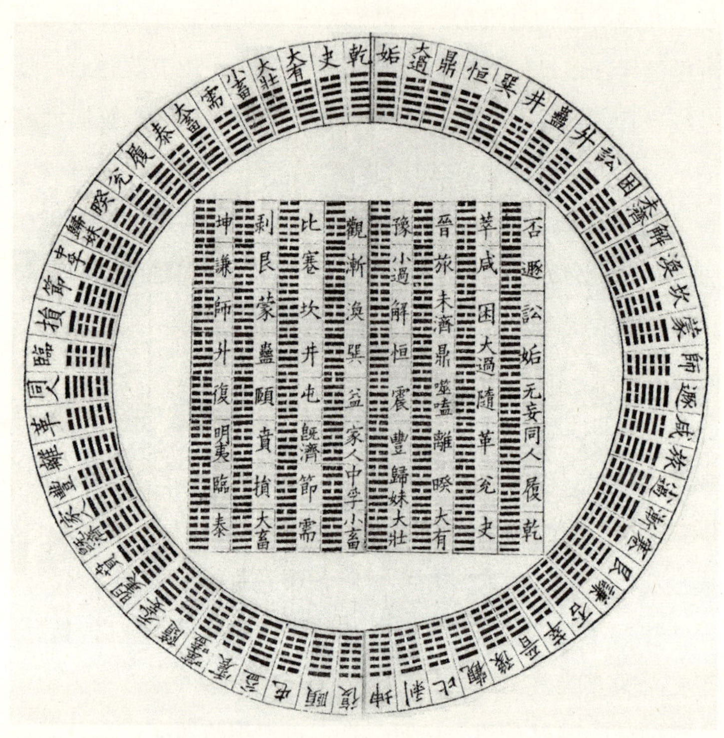

伏羲先天图所见六十四卦。引自元张理撰《大易象数钩深图》，通志堂藏板，康熙十二年（1673）。

之先。

《易经》的命名，如前所说有一层意义是“改变”，也就是永远不断地变化。不仅各卦之间有卦变，每一卦内部从底线到顶线，也是阴阳交错替换，表达了两元之间的不断转换，说明这两极之间的动荡。

《易经》的筮卦原来是作为占卜之用，各卦所陈述的现象，也许都是一个过去曾经发生的个例——以一个符号来代表那一类现象和情况。占卜到那一类现象，就作为面前要处理的疑问，以曾经发生的案例作为参考，甚至据此预测其可能的后果。这一条途径，就是所谓的“象数之学”；另一条途径，则是通过总结过去许多成败兴衰的个案，归纳出一套个人应当趋避的选择路径，即所谓“义理之学”。易学向来就是这两个方向。由于古代筮卦的作用确实是为了预占吉凶，所以象数之学是更为原始的面貌，义理之学是后来的延伸。

与《易经》类似的象术学问，还有我们称为风水的“堪舆之学”，及数字安排的“奇门遁甲之学”。这些科目，我们也许能称其为真正科学发展以前的一种思考。有人称它们是“伪科学”，我以为用“前科学”或者“拟科学”来看待它们可能比较适当。

先说堪舆之学，它是一门以地理形势和人类生活相配的方术，我们也许可以称之为原始的地理方位学。中国在地球上的地理位置和其所处的地形，决定了人类要以何种居住方式与自然配合才可以获得安全和舒适。以中国在东亚大陆的地理位置而论，北面、西面高，东面、南面低。秋冬以后的西北寒风，尤其冬季的西北冷气团，可以为中国的北方带来寒冷的天气；春夏从东南吹上来的季风，则带来润湿的空气——中国的南方气候温润，北方也得到足够的雨量，植物才能成长。再以中国的地形论，从西北向东南倾斜，山坡南面和东面有高地阻挡冷气，居住条件比较舒适。春夏雨多，河水上涨，离河太近的地方可能会遭逢水灾。在这两个条件配合之下，中国人建筑房舍，甚至构建村落和市集，都会选择在山的东方和南方，地势较高的河边或湖边。

考古学上，黄河流域的新石器时代遗址，通常出现于两河相遇或是河流转弯处，建筑在离水稍高的二层台，而二层台的位置，却是背对着西北、面向着东南。古人对地理条件有这样的认识，知道怎样寻找合适的地点建构家屋，必定经过了长期的经验累积。北方黄土高原上开挖的窑洞，几乎全部都是在南坡上向黄土层挖掘而成的洞穴。窑门外面，面向南方或东方之处，有一片比较平坦的地区，是活动的空间，也是家门口种植瓜果蔬菜的农地。这些考虑，实际上就是堪舆之学的原始实践。在古典文献上，第一次出现这类经验的具体体现是《诗经·公刘》：“笃公刘，既溥既长，既景乃冈，相其阴阳，观其流泉，其军三单；度其隰原，彻田为粮，度其夕阳，豳居允荒。”这一段诗陈述西周灭商之前，选择适当地点居住，在今日洛阳附近建设成周。定位该地也是考虑到离水近，又有高地足以挡住寒风，能够开辟田亩。

历来帝都的宫殿，都有南北向中轴线，愈在北方的宫殿，其地势必定更高，然后逐步向南，一进一进往下降，直至较为平坦的平地。这种考虑，也是将门户的出入放在南边，高大的北边殿堂可以挡住寒风。皇室的陵寝也是如此考虑，北京附近明代的十三陵，都安置在一个背向西北、面向东南的山谷中。清代的西陵处在一个群山围绕的谷地，进入谷地的入口，是两山重叠之中的狭道，呈螺丝状。回旋而入，里面是宽阔的谷地，所有的寒风都被挡在外面；四周山地的流水，却灌注谷中，因此谷内的树木郁郁葱葱。

凡此考虑，当然都是由地理专家选择适当的地点，规划最为合理的居住条件。他们的理论，则是将大地山川看作有机的生命体：山脉被视为一条委婉曲折的龙，河流本来就是流动的，山川的配合，犹如阴阳的互补和互济，可以构成很好的平衡。所谓堪舆之学，讲究龙脉的蜿蜒连续，虽有中缺，却隐然相连并未切断，这种龙脉是活的，具有一定的活力和“能量”。河流亦复如此，必须是流量稳定，既不会暴涨也不会枯竭才好。此外，还要讲究南方为阳、北方为阴，北方居高位、南方居平地。综合这些条件，我们当然可以理解，为什么一个城市或村庄都会在山水相接之处；而且在自然条件许可下，也必定是坐北朝南，不得已时，也大都是坐西朝东。如果是比较平坦的地面——平原或是台地，没有显著可以依靠的山岭，则在居室附近往往有人工挖掘的池沼，作为一个村庄的水源，或者有一口大井作为村庄的活动中心。也就是说，以房屋连贯围绕水源地，创造出一个阴阳配合的空间。皖南的农村，颇能代表这种安排的方式。台湾桃园一带的客家农庄都有水塘，星罗棋布，成串的农家聚落配合成一个特殊的生活环境。这种水土互相配合的安排方式，其实也是保护天然环境的巧妙设计。

选择阴宅即死者安息之地，除了考虑地面上的位置，还必须考虑地面之下，是不是干燥，是不是稳定。所以，选择墓地的条件，就要考虑到“峦”（山脉）、“沙”（底层土质）、“水”（地下水）以选佳“穴”（墓址）。经过如此拣选出来的墓地，才不会因为渗水或是塌陷影响到死者的安宁。选择墓址，除了盼望墓主安息不受灾害，今天选择墓地的堪舆之学，更认为佳穴得天地灵秀之气，可以为儿孙造福。因此，风水先生往往提到一些特殊的术语，例如“牛眠之地”或是“凤鸣朝阳”等名称，其实不过是隐喻后世子孙获得福荫而已，才将当地的地形比附佳兆，以为选择地点的参考。

现代人生活在城市之中，住在高楼大厦，很难再用过去风水的方式挑选房屋。在民间，居然发展出了现代的“风水学”。风水师会对公司行号或是住家选择地址加以考察，注意“路冲”或是“背向”，例如，房屋不能对着马路来路的方向，避免路上的交通直向房屋冲来；还要避免房屋搁在大厦的后面，阻挡了对外的接触。在几间房间之内，风水师也会建议房主注意流动的方向，即所谓“动线”，其考虑的思路，基本上是在内部安排一个比较顺畅和谐的局面：办公桌的位置基本上不可以面对房门，也不能背对房门；面对房门等于暴露，背对房门是内外不通，诸如此类。还有一些小花招：店家或是餐厅最好有一个鱼缸，其中最好是有金鱼，水取其流动是招财，金鱼更是金钱的象征。有些广东的店家，可能在室内放一盆小橘子树，取其“吉利”。风水师最普通的建议，是在房内或是门边、窗后，悬挂箫、笛，取其“和谐”。这些考虑，其实已经脱离了上述的八卦和堪舆的基本数字和图形观念。凡此引申，都是从常识的范围之内借用风水的名义，布置一个比较安适平静的环境。

至于方位，也如上所说，东西南北方向都具有特定的意义。在选择方位的罗盘上，八卦的方位就是八个方向：东、南、西、北，东北、西北、东南、西南。高和低则是八卦图的阴、阳，阴阳既要判分又要融合，八卦中间的太极图，也正是这种条件的象征。因此，在堪舆之术亦即地理方位之学的发展过程中，八卦就成为非常方便的符号工具了。

至于奇门遁甲之学，自古以来即被看作神秘的法术，用之作预言，也可能用来作为计谋。我自己对于奇门遁甲并没有研究，只是请教过科学史家何丙郁先生，承蒙他指点：奇门遁甲与“幻方”或“魔方块”有相当的关系。诚然，奇门遁甲的书籍，几乎都在开章明义时就以“洛书”——那个九宫的魔方块——作为起点。这一最初级的魔方块，以五据中央，从一到九各自安放在三格乘三格的方框内。无论是直线或是斜线，都要经过五，三个数字的总和都是十五。如此魔方块，在以十进制的数字系统内，是种非常巧妙的安排。中国的数目字是以十进制，可是又有以二进制安排的八卦。洛书，既可容纳二进制和十进制，又有九宫格的三三相乘，因此，这一魔方块几乎容纳了所有十进制以内数字的配合。

当数学观念还在起步初阶之时，人类对于数字互相配合的关系，会因其巧妙而引申为神秘。大家都知道，西方有“达·芬奇密码”，一个正三角形和另一个正三角形相对地叠合，构成了外面六角、内面六边的几何形体。这个符号，其起源乃在两河流域，以一、二、三相配构成的六进位作为根本。基督教的教会继承了这个古代的神秘符号，认为这个符号本身就具有奇妙的功能。又例如，希腊几何学从“勾方 + 股方 = 弦方”的直角定理，引申出后来数学、几何学和圆周率的研究。但在毕达哥拉斯的时代，勾股定理本身被当作探索宇宙奥秘的入门。中国的魔方块也正如上面两个中东和西方古代文化的例子，在中国的科学发展史上有其一定的地位，却也长久陷入前科学阶段的方术。

中国洛书的九宫虽是一个四方形，因为八卦和太极配合，后来却以圆形作为最常见的表现方式。圆形是可以旋转的，内部九宫的位置也可以移动。因此，圆形的表现方式，将方形的固定转变成为无穷变化的圆体。奇门遁甲的巧妙，就在于整体不断变化，内在各部分之间也不断变化。何丙郁先生就曾经将中国历法和季节的变化，套叠在奇门遁甲的图案之内，以理解传统年历学如何安排各种长程、短程的周期，利用这个简单的图形作为检索数据以及运算的工具。

传统上，奇门遁甲之学可以用于战阵。《三国演义》是中国人喜爱的小说，罗贯中将诸葛亮描述成一个像魔法师一样的军师，他的战略和战术无不奇妙莫测。从那本书开始，诸葛亮的形象便是一位穿着八卦袍的术士。他安排了八卦阵，在传说中有神妙的功能，几堆石头可以变成一个魔阵，使千军万马陷入其中。这个小说与奇门遁甲的术士形象相加，模糊了奇门遁甲“前科学”的特性。让我们回到诸葛亮的军事谋略，从那个起点设法重建所谓“八卦阵”的意义。中国的几部古老兵书，如《六韬》和《司马法》，都讨论过军队的行动，既涉及安营扎寨时各个战斗单位之间的关系，也涉及战争开始后这些战斗单位彼此的配合。出入进退，都必须有适当的计划，也要留有充分的变化空间。在《三国志》中记载，诸葛亮死后，司马懿巡视他留下的营地，对于诸葛亮营地内外的安排十分佩服，认为其是天下奇才。

从这个角度看，我们也许可以理解，一个九宫的八卦阵，可能就是将中军大寨放在中央，前锋、后卫、左右两翼，分属四个方位，而四个角落则是裨将带领的机动单位。在扎营时，各个单位之间有连接的通道，但也可以随时封闭拦截侵入的敌人。部队移动进入战场，并不必须从同一个门出发，可以各自从三四个不同的方向分进合击，执行分配的任务。诸葛亮的时代，作战的部署已经不是单兵作战，也不是某一种兵种的独立作战，而是许多不同兵种联合作战。例如，诸葛亮曾经发明强力的“连弩”，可以一弩连射数十杆弩箭——这种装置，必须以车辆作为发射台，车辆既要有人推动，也要有步兵保护。车兵、骑兵和步兵，三种作战单位各自具有一定的位置，作战时也各有互相掩护和配合的作用。这些在扎营时的“静”和作战时的“动”的种种需求，可以在八卦阵内一气呵成。

在当时或在后世，诸葛亮多兵种的战术都被当作奇妙的安排，奇门遁甲也就成为传说中诸葛亮战术的依据。奇门遁甲号称是可以用于治国，也可以用于经商贸易的学问。其实，无论是治国或是经商，也都与战阵相似，必须使动与静等各种因素互相配合，才能运用各种资源发挥出最大功效。从诸葛亮的战术上，也未尝不可引申出许多其他的策略。综合言之，奇门遁甲本身有其“前科学”的探索，因为其着重在各种变化的叠合，却也无妨逐渐发展为某种数学，或是可以发展为策略。

后来，奇门遁甲发展成为道教符箓派的法术。这一派道士，经常号称能够运用符箓拘神遣将、役使妖鬼。在许多符箓之中，有一个常见的符，即将九宫幻方中从一到九的联机，拉成一串类似草书的图形，道士们认为这个简单的图案具有幻方一样的神秘力量。九宫、八卦阵这一类阵法，也可以作为驱使鬼神的大阵，以种种道具象征虚拟的阵容，安置天神、天将布成天罗地网。最常用的天神、天将，也是按照八卦的方位排列，四面八方的神明以及二十八宿的星宿等都在阵内，各有指使。拥有法力的道士也可以凭借这强大的阵势，为人间驱除灾害，保有四民的平安。在我青少年时，家乡的道观每年会有联合举办的盛大典礼，成为护国佑民的禳祭。我印象中最盛大的一次，是在抗战胜利之后第二年，大家希望从此有个安定的岁月。在无锡，不仅有当地的道观参与，而且邀来茅山派很多法师，举行了盛大的典礼。最难忘者，他们举行了一次“十番大曲”的演奏会，这可能是民间道教最后一次将古乐纳入宗教仪式。这些古曲今天是否还有人保存，就不得而知了。当然，这种宗教仪式容纳了文化的传承，但文化不过是民俗信仰的附属品。

到了今天，中国民间利用打卦以预测吉凶还是常见的行为。这种信仰，与巫觋的功用相当有关，几乎各种庙宇都有抽签的签筒，可以让信徒询问吉凶。世事复杂，各种发展方向都有可能，岂是掷茭、打卦就可以得到解答？以《易经》本身在古代预测的功能而言，《左传》《国语》记下了二十三件历史个案、筮卦得出来的预言，以及与实际情况的印证。审视这些个案，我以为，颇有些预言的个案其实与实际的发展并不一致。举例言之，《左传》昭公七年，卫国的两位公子都有可能继承国君之位，对这两位公子的占卜都是正面的即“建侯”。但是不可能两者都得到君位，应当只有一位的预测是对的，另一位的预测就错了。又举另外一个案子，《左传》成公十六年，晋、楚之间发生战争，晋国的预测是胜利，结果晋国战败了，筮卦的史官的解释是，吉兆指的是对方的胜利。这种立场颠倒的预测，岂不颠覆了原来的目的？诸如此类，自古以来所有的预言，能够准确一半就相当不错了，哪有象数之学可以真正使《易经》成为中国的经典？

综合太极、八卦、堪舆、奇门这些民俗的运用，中国传统社会将数字与图形组织为一个宇宙模式。这个模式，表达了传统社会对于宇宙的认识：那是一个巨大的系统，内部都有数字和图形构成其部分，以及部分与部分间的联系。这个网络系统，内部不断调节各部分的关系，对外也不断与天、地、人三个大系统彼此协调。变动的过程中，会产生“运”和“势”，这都是具有能量、足以影响我们的生活的状况。

因此，这一类的民俗信仰都趋向于以掌握这些神秘力量根源，亦即数字和图形，求取人生在运和势中取得最大的福祉。这些观念是信仰，却不是理性的推论。中国民俗信仰这一特色，和犹太–基督教将宇宙一切的变化归之于神的意志，两者之间有极大的不同。犹太–基督信仰中的神有自己的意志，以支配宇宙；凡人无法测知神的意思，只有对神的完全信仰和顺服。中国人的观念中，宇宙运行的运和势，却是取决于系统之内和系统之间互动的结果。人如果能够掌握运和势的大方向，就能够顺势而为，也就可以获得宇宙能量赋予的最大福祉，避免宇宙能量可能造成的灾害。如前所述，这一套思维方式是“前科学”的，至多只能说是“拟科学”的。民俗信仰本身的行为基础，与太极、八卦那套玄学的推演过程以及基本假设也有相当的不同，二者之间并不一致。

从义理之学的方向讨论，世界的成败兴衰，确实值得我们警戒。《易经》呈现的总体形象让我们认识到：成功不会持久，失败也有回头的机会，当事人自己的作为，一定程度上决定了未来成败的方向。据说孔子晚年对《易经》特别有兴趣，他对《易经》的了解，似乎是在从成败吉凶现象提醒人们：有若干行为模式是会引向好的结果，而另外一些行为模式则会招致失败。

孔子在《系辞传》里说明文王兴易之后，即从六十四卦中选出九卦，教人自修其德，以防忧患于未然。这九卦是：天泽“履”，地山“谦”，地雷“复”，雷风“恒”，山泽“损”，风雷“益”，泽水“困”，水风“井”，随风“巽”。九卦的精义，孔子在《彖传》《象传》里各有解释，《系辞传》又特别说明：“是故，履，德之基也；谦，德之柄也；复，德之本也；恒，德之固也；损，德之修也；益，德之裕也；困，德之辩也；井，德之地也；巽，德之制也。”这一节，孔氏《正义》（《周易正义》）说：“明九卦各与德为用也。”汉代的易家，象数之学颇盛。王弼以后，义理之学是儒家易学的主流。儒家以世间事物发展的方向提醒大家，要以谦让谨慎面对胜利，以坚毅忍耐面对困境。

相较于儒家理解的易学，道家却提出不同的想法。他们认为一切变化的原则，应当是思考的第一步；至于修德的“德”，尤其依据“德”而发展的行为模式“礼”，终究只是“道”的延伸而已。所以，老子《道德经》第三十八章说：“失

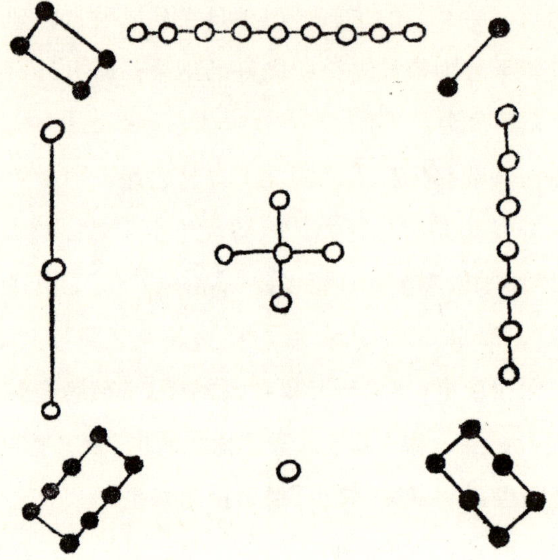

中国古代《河图洛书》中呈现的幻方形式。引自清人胡渭辑著《易图明辨》（商务印书馆丛书集成初编本，1935年）。

道而后德，失德而后仁，失仁而后义，失义而后礼”。

我有一位老朋友裴德恺，从《道德经》中抽出十句名言，当作道家处世态度的形而上学依据和行为模式的指针。这十句话，排列如下：

> 道可道，非常道。名可名，非常名。无名天地之始，有名万物之母。
>
> 有无相生，难易相成，长短相较，高下相倾，音声相和，前后相随。
>
> 治大国，若烹小鲜。
>
> 祸兮福之所倚，福兮祸之所伏。
>
> 天下难事，必作于易，天下大事，必作于细。
>
> 人法地，地法天，天法道，道法自然。
>
> 上善若水。水善利万物而不争，处众人之所恶，故几于道。
>
> 道生一，一生二，二生三，三生万物。万物负阴而抱阳，冲气以为和。
>
> 祸莫大于不知足，咎莫大于欲得。故知足之足，常足矣。
>
> 知人者智，自知者明。胜人者有力，自胜者强。

其中第六、第七这两句，正是《易经》取象自然的说明；第八句几乎就是说明阴阳二元，而又将二元结合成卦象的三线，然后以三线组织为六爻，表达代表万物的种种卦象。至于其他各句，尤其第二、第四、第五和第九、第十各句，相当具体地归纳了《易经》中系于成败吉凶的应有态度。我以为，老子对于《易经》代表的象数之学转变为义理的原则，较之儒家似乎更为契合。老子《道德经》认为，道代表变动的原则，德则是各个变动因素的属性，两者相合才有变动的现象和过程。这应当就是《易经》本身陈述的主体。老子的身份据说是柱下史，也就是史官。本章前面曾经提到，《左传》和《国语》有二十多条有关易经占卜的讨论，那些参与讨论者几乎都是祝、宗、卜、史一类的人物。假如老子是史官，他也会熟悉《易经》的占卜及其解释。那么，老子的《道德经》与《易经》的关系，似乎真有相当一致之处。

庄子是道家的另外一派，《庄子》一书的核心思想，可以齐物论和逍遥游作为主体。他也注意到世界万事万物变化不居的过程。可是，他的论证和老子很不一样，老子着重在正反之间的辩证关系，所以柔弱胜刚强，而“无”在“有”之先。庄子从齐物论的立场，却是以为一切变化之后呈现的异相虽然各有不同，若是从不同的角度观察，许多不同的异相也就抹平了。所以，大鹏展翅千里的乐趣，与后院鸟雀跳跃树枝的乐趣，其实都是一样的。高耸的泰山，与山下土丘，换个距离看也都相差无几。八百岁的椿树，与朝生夕死的蕈类相比，若是从不同时间尺度来观察，其实未必不一样。

庄子创造了一批“畸人”，如《人间世》中的支离疏和《德充符》中的哀骀它、兀者王骀、叔山无趾等，都是外形丑陋而德性高尚的人物。例如“支离疏者，颐隐于脐，肩高于顶，会撮指天，五管在上，两髀为胁”，我们在现实生活中，很难理解这是何种残缺的病症。又如，哀骀它乃卫之“恶人”，“以恶骇天下”等，强调形与神之间的严重失衡。他以为：“故德有所长，而形有所忘。人不忘其所忘，而忘其所不忘，此谓诚忘。”他所注意的是“道”与精神的相契，形貌就不在他关注的范围之内了。这一套说法，也是从齐物观点的论述：至高至上的智慧，却可以与丑陋的形象合而为一。

庄子也认为，智慧来自感官，感官本身却有其局限之处。他预言，“混沌”是最原始的状态。《庄子·应帝王》说：“南海之帝为倏，北海之帝为忽，中央之帝为混沌。倏与忽时相与遇于混沌之地，混沌待之甚善。倏与忽谋报混沌之德，曰：‘人皆有七窍，以视听食息，此独无有，尝试凿之。’日凿一窍，七日而混沌死。”因此，庄子认为，有了感官和智慧，反而失去原始的真相。庄子的说法，较之于老子似乎更为虚无之论，反而将变化的现象模糊于“齐物”了。

汉代道家的另外一本经典《淮南子》，陈述了塞翁失马的寓言。《淮南子·人间训》说：“近塞上之人有善术者，马无故亡而入胡，人皆吊之。其父曰：‘此何遽不为福乎？’居数月，其马将胡骏马而归，人皆贺之。其父曰：‘此何遽不能为祸乎？’家富良马，其子好骑，堕而折其髀，人皆吊之。其父曰：‘此何遽不为福乎？’居一年，胡人大入塞，丁壮者引弦而战，近塞之人，死者十九，此独以跛之故，父子相保。”这一段故事，确实肯定了老子所谓“祸福相依”，又回到了《易经》陈述的方向。于是，中国的成语之中，就有“庆者在室，吊者在闾”，这种长存戒慎恐惧的心态，何尝不是由《易经》直接引申的传统。

从《易经》变化的系统来看，儒家和老庄也是有区别的。儒家的基本态度，是天行健、君子自强不息，有高度的积极性；但是从《易经》的变化中，儒家也发觉祸福相依的正反辩证。老子正是从正反辩证，肯定一个原则与属性互相配合的变化，庄子却离《易经》的传统比较远了。容我借用当年胡适之所说的“差不多先生”，这个名称似乎颇可用来形容庄子的齐物论。在“差不多”原则下，正反辩证也变成模糊了，于是，戒慎恐惧的心态也将无所着落。

到了今天，《易经》的传统还是渗透于民俗之中。台湾的庙宇，几乎都有抽签的设备。林衡道先生出自台湾首富板桥林家，可是并不如一般富家公子只是享受繁华——他终生的学习兴趣，是台湾的民俗。六十年代，他曾经带着我和几位台大人类学系的朋友参观台北市附近的庙宇。从这些庙宇的抽签设备，可以看出其《易经》的传统。虽然他们以掷筊代替了筮卜，签筒里面的竹签，则号称“诸葛八卦神数”——基本上是六十四或者一百二十八条，分别代表六十四卦，或者六十四的倍数（假如按照三百八十四爻之数来设计，三百多条竹签的签筒恐怕难以摇动）。以签筒摇出来的号码，对照签簿上的说明或者钉在墙上的签条，庙祝会为信者解释签条的预言。这些签条上面的句子，已经不是《易经》的原句，然而几乎每一个竹签占卜出来的预言，都会有祸福相依的观念，会启示好运快来了，或者提醒要注意好运后面的厄运。这个传统深入人心，民间对于自己生涯的规划和心态的安顿，很受这一类签条上预言的影响。《易经》的传统，于是经过民俗的抽签方式，深深地渗透于一般小民百姓的精神生活。

对于事物的发展存有戒慎恐惧之心，是中国文化呈现的特殊现象。以西方资本主义文化而论，从宗教改革以后，假如按照马克斯·韦伯的说法，新教徒认为自己的成功是彰显神的恩宠，神的恩宠不是人能计算。因此，人只有不断努力积极进取，以求更辉煌的成果。这种一往直前的积极性，是三百年来西方资本主义和帝国主义不断扩张和成长的主要动力。蒙受神恩是极为重大的事，一个好的基督徒，一方面感激神恩，另一方面却也必须无时无刻不小心谨慎，防备自己逾越轨道。防备自己心中的原罪，在神学理论中是一种“幽暗意识”。尽力避免原罪的影响，也就相当于中国的“戒慎恐惧”。

新教伦理的这一心态，在资本主义发达到今天的地步，却已经逐渐消逝。寓居美国几十年，我看见的常态是：一家企业办得很成功，于是不断扩张，扩张到极度反而崩垮下来了。世界的强权，一个霸主接一个霸主，都是到了扩张的极限而崩垮下来。西方积极进取之心，是强大的动力，可是，西方的精神丧失了自我警惕的“幽暗意识”。如此一来，往往不注意久已埋伏的病根，他们也不会寻找问题根源，而只是处理已经发作的问题。

如上所说，中国人戒慎恐惧之心，也反映于成语：千丈之堤，以蝼蚁之穴溃；百尺之室，以突隙之炽焚。回到诸葛亮，一方面，他的一生“淡泊以明志，宁静而致远”，这是看尽变化以后才获得的智慧：一切都在变化，没有值得奇怪之处。另一方面，“诸葛一生惟谨慎”，即终生小心翼翼。“谨慎”二字，我曾经听严静波（严家淦）先生阐释说：谨慎是“谨小慎微”，也就是注意到事物转变时一个小小的变化，这就是“知几”。真正能办大事的人，能抓住变化的“几”，可以趁机开展，也可以及时矫正。在中国历史上，无论公私人物，这种理念大概都可以从他们身上看到。他们能办大事，就是因为他们能注意到微小的变化。如此的精神心态，可说是儒家与老子两种思想的结合，也是《易经》提示的思考方向：一方面积极进取，一方面谨小慎微。两者相合相配，反映了中国人办事业的一种内在的紧张。韦伯的理论认为：基督教新教的教义，有一种内在的紧张；这一紧张心态，成为资本家终生奉献于事业的动力。中国儒家从士大夫到庶民，其实也都有上述积极进取、谨小慎微的紧张。余英时先生在讨论中国的商贾时，也认为他们具有一种韦伯式的精神——他提出的理念，也就是这一类的内在紧张，也许可以说是自我的期许和自我的监督。中医药的重要商家同仁堂，有一副对联：

“合药虽无人见，用心自有天知。”此处的“天知”，其实就是自己良心的监督。本章所提的这些民俗信仰，其实也是一种中国社会内建的机制，表现信仰的仪式和行为，时时提醒每一个人：天理、国法、人情，都是大宇宙中的秩序，人人必须时时持守，不可懈怠。

正因具备如此心态，一些中国老人家常常在族训、家训中对子孙有所训示。我们家里的祖训原是“富不癫狂，穷不失志”，先父将之修改为“得意时莫癫狂，失意时无丧志”。这就将贫富对立，解释为“得意”和“失意”之间的平静，也就符合了诸葛亮宁静淡泊的期许。先母也曾经提起过，舅氏章家的家训：“人做事，有三畏：畏天意、畏人言、畏良心。”对自己行为的监督，就是自己的良心在做主。凡此戒慎恐惧之心，普遍地渗透于中国的精神生活。中国人做事，即使在积极进取的时候，由于这些戒心，往往也要及时收敛。中国人的冲劲和动力也许不如今日的西方文化，然而却可以在自我监督的心态中获得一些宁静和淡泊。当今中国已经深度西化，盼望我们仍旧能够保留常常反省戒惧的心态，则中国人在举世惶惶之时，就能留得几分清明的理性。

第六章

生命存在的意义

任何文化系统中，“人的生命何从何去”都是一个重要的议题。近代民族学家在记录和观察一些地方民族文化时，这个课题也是他们注意的重点之一：生命从何而来？每个族群自以为自己的生命来自何方？生命是个人的还是集体的？谈到生，也必谈到死。死后，生命就消失了？还是归于何方？到了近代科技发达时，尤其生物的基因和演化的知识比较清楚，已经可以证明人类身体的某些演化轨迹和规律；同时，人们也在生命的观念上尽力探讨，讨论除生物体可见的生命以外那些精神的部分——虽然这部分到今天还是无法捉摸。一个人的肉体发展到终点，他的物质部分终于分解为原来的各种化学元素；但他留在世界上的记忆，究竟是不是生命的一部分？这一连串的问题，是我在本章中想要提出的课题。

然而，“生命”两个字太复杂，也太玄奥，我不敢期望本章提出的意见能满意地回答自己提出来的问题，只盼望在这个课题上引发读者的好奇和进一步的思索。

本章讨论生死问题，不在生物意义层面而在信仰层面，这是本书精神生活主题所应关心的领域。杨庆堃先生所著《中国社会中的宗教》一书特别指出，中国的宗教信仰与西方犹太基督信仰的最大差别，乃在于中国人将宗教情绪及与其有关的仪式，都融合在日常生活之中。米尔恰·伊利亚德曾经指出：讨论宗教问题，圣与凡的间隔是个重要的项目。然而，如杨先生所指出，在中国却是圣与凡融合于日常生活。当然我们必须理解，中国并不是没有制度化的宗教，外来的佛教与本土的道教，以及后来的基督教和伊斯兰教，都是制式化的宗教系统；两者混合，在各个时期和各个地方，又都有民间的信仰系统，这都是制式化的宗教。只是，在生死方面，中国人将社会的伦理与精神的信仰糅合为一，形成了杨先生指出的融合现象。

我曾经将中国的宗教信仰界定为神祇和祖灵两套主题。在生死问题方面，祖灵的成分毋宁更为重要。让我们先回溯到远古时期，去看新石器时代的红山文化遗址所展现出的信仰世界。牛河梁的山脊上有女神庙，其中祀奉女子的大小塑像，强调少女、孕妇和老妇三阶段的形态于一体，这是代表生殖的力量。下面不太远的地方，则是一个方圆相叠的三层台，应当是祭天所在，其附近又有显然是族群领袖的墓葬。

牛河梁红山文化出土女神塑像（头部）。

墓葬和祭坛，都有许多无底的陶制圆管围绕着遗址，我认为这些陶管象征着天和地之间的相通。牛河梁遗址的这些礼仪设施，兼具祀天的神祇信仰和敬祖的祖灵信仰。二者并存，其实一直到后世都没有完全分开。下文讨论到汉代墓葬中的墓券，就同时包括生死的延续和天神与灵魂之间的联系。

回到生死问题的主题。中文的“生”字，演化为生命的“性”和姓氏的“姓”。这一个特色，只有象形文字可以清楚明白地显示，若以拼音文字而论，就比较拐弯抹角，不容易表现生命集体和个体的双重意义。姓氏的“姓”，从“女”从“生”，说明了生命有亲缘的集体意义。我们现在的百家姓——当然已经不止百家了，其实并不只是姓而已，其中包括无数的氏，是姓的分支。最初的姓，如李玄伯（李宗侗）先生指出，其实与美洲印第安人的图腾意义相当类似，表示这一族群共同具有的一些特征。举例言之，印第安人的部族有的自称熊部族，有的自称鹰部族，自认为是具有神性的熊和鹰的后代，因此这些族群也禀有了这些图腾标志神物的神性。以中国古代的姓而言，渤海地区的太昊姓风（凤）、少昊姓挚（鸷），都是鸟类的名称，这些鸟类也就是他们的图腾。所以，据《左传》记载，昭公十七年郯子告诉鲁侯，他们自己的祖先在少昊之时，所有的官称和部落名称都是以鸟为名。后来，殷商姓子，是一个小孩降生的形象。殷商降生神话，“天命玄鸟，降而生商”，也说他们是玄鸟（燕子）的子孙。其实，朝鲜高丽的好大王碑，也记载其祖先来源是日光映照和鸟卵降生。

满族的祖源传说，据说是三位仙女在池中游泳，其中一位吞食了一只飞鸟衔来的朱果，生下布库里雍顺，他就是满族的祖先。

中国古代的姓，姜、姬、姒，也具有类似意义。以姬姓的周人为例，他们的女性祖先姜嫄，因践踏了巨大脚印而怀孕生下弃，这就是周人的始祖。到后来，一些图腾转换成为部族的代表名称，这一部族也就继承了图腾具有的特性。当然，图腾的意义和今天的基因观念完全不一样，我们却也可以认为图腾观念转化为姓，就隐含了一个族群从开始就继承，或者他们自以为已经继承的共同的“禀赋”。因此，一个人天生的禀赋，既是集体的也是个人的。凡此禀赋，有属于肉体方面的，也有属于精神方面的，后者也许类似我们所谓的“性格”；不过在古代，精神方面的禀赋一般被归之于天赋的特点。各处人类社会都会有社群的出现，之所以人能在众生之中居主导地位，就是因为人能合作结合为巨大的力量。人群的结合方式，以自然生殖单位——夫妇、亲子、家庭——作为最基本的单元，然后扩大为宗族，或者地区社群。只是，在中国的社会结构中，大概由于长期以来以农耕为主、安土重迁，家庭扩大为家族也一定是以聚集于一地为基本方式。如上所说，这样的族群会以共同禀赋作为群体结合的基本认识。于是，生命的集体性就落实在社会伦理的范畴之内，也呈现于神祇与祖灵的结合上。

殷商考古学的资料，既有墓葬和居住遗址，也有卜辞的文献数据，这两个项目配合，使我们对于商代的祖灵观念有相当清楚的认识。商代的王室大墓以棺椁为中心，四周围有殉葬的嫔妃与臣仆，也有全副武装的卫队；大墓四周又有整齐排列的武装部队，整个陵墓的形制，宛然是亡者生前的宫殿或者行帐的格局。陵墓的安排，亡者也是按照辈分共同埋葬于几个墓区。这是将生前的情况延长到死后，生死之间是延续的。卜辞之中提到的占卜问题，也经常会将生者遭逢的困难与疑问，借占卜的手段询问先王先公，或者要求先王先公的保佑与护持。卜辞之中，也常常提到一种禘祀——虽然我们还不能完全理解这禘祀的具体内涵——一般言之，大概是以燎火向上天祭祀。如果这种解释合理，则先王先公就可能代替生存的后裔，向上天的主宰“帝”，以祭祀的方式取得“帝”的护佑。神祇和祖灵，终究还是同被尊敬的对象。

在人间伦理方面，一个族群的延长，是父子祖孙相承的亲缘系统。从《诗经》时代开始，中国人对于亲子之间的亲密关系，就是从幼儿时代的感情成分开展。《诗经·蓼莪》说：“无父何怙？无母何恃？出则衔恤，入则靡至。父兮生我，母兮鞠我。抚我畜我，长我育我，顾我复我，出入腹我。欲报之德。昊天罔极！”

上述《诗经》中的句子，描述的是父母抚育、爱护子女的辛苦。如何将这感情最后移转到父子伦理，孟子的努力值得一提。孟子认为“四端”是人之伦理的天性，其中有两个例子：一个例子是，儿子在父母死亡以后，看见父母的遗体暴露腐坏，心有不忍，回去找工具将遗体埋葬；另一例子是，一个人看见幼儿在水井附近爬行，会将幼儿抱到远离水井的安全地带，这不是因为孩子与自己有任何关系，而是因为心有不忍。孟子认为，这种恻隐之心，是“仁”的开始。从恻隐之心才延展为羞耻、辞让以及是非之心，成为仁、义、礼、智的源头。从心理学上着眼，将心比心，是以生理的亲子之情作为基础，建构人间社会众人共存的基本原则。

中国人的祭祀仪式，也符合心理学上感情的投射。《礼记·祭仪》对祭祀时的情景有如下记载：虽然父母不在了，却是要遥想父母生前的音容，似乎听见他们的脚步声，听见他们的呼吸咳嗽声——以这样的心情献上祭品、行礼致敬，这才是祭亲如亲在，祀神如神在，也是将心比心的基本原则。其中，并没有任何理性的成分，只是感情的投射。

年轻人到了十六岁，女子可以出嫁，男子可以进入社会。古代的中国在这个时候，就以冠礼和笄礼以慎重的仪式改换青年男女的服装和打扮，借此告诉他们这是人生一个新的阶段的开始，从此以后他们将如同他们的父祖一样，继承个人作为社群和社会一员的责任。成年礼的戒持，还会提醒他们不要愧对父母对他们的爱护、盼望和期许，也不要损伤家族的声誉。这种告诫的方式，到今天中国人的家庭，都还是父母叮嘱子女的常用词句。这些仪礼的基本理念，也就是透过亲子之间生理性的延续，提醒他们亲子感情的成分，进而延伸为对社会的责任，既有此刻的参与，也有未来的延伸。

到了老年，身体衰弱了，个人对社会的参与退居二线，将自己的责任交付给子女。以农业生产的情况作为比喻，男子力田（力和田合起来就是“男”），女子安家（女和屋顶就是“安”），这是成年夫妇构成家庭的基本方式。在人的壮年时，成年的男子推犁——他的老父曾经也是推犁的男子，此时改为牵引耕牛，儿子在后面负担重劳力的推犁。等到这个壮汉自己的孩子大了，少年代替了祖父，担起引牛的工作；再过一阵，引牛的少年和推犁的父亲交换位置，当年的壮汉将推犁的重任交给已经成长的青年，将近衰老的自己站在牛前，如同他父亲当年一样引导牛的方向。这一代又一代，不断使生产的任务更替交换。在农村社会，老年人的经验是有价值的，他们知道天时气候，知道作物生长的情况，这些经验由父祖子孙代代相传，于是老年人在地方上备受尊敬。老年人的闲暇比较多，他们照顾孙儿，其中不仅有养和护，也有教导和传授知识的任务。于是，族群延伸和社会的继续，都可以在伦理的体制下得以实践。以上所述，是从生命本身经过宗教情绪转化为仪礼，又具体呈现为伦理，而构成了一个稳定的社会。在中国，这一个过程继续存在，至今至少延续了两千年之久。中国有此一安定的社会，人口稳定地增加，组合成了世界上最庞大的人类群体，延续不断。

精神方面，古人相信除了气血有关的个人生命，还有精神有关的魂魄。“魂魄”二字今日连用不分，在古代则是有所分别的。“魄”必须居留在身体之内，“魂”却是代表一个人看不见的自己。魂魄与肉体的生命，一般讲来应当是同步出生、衰老、死亡，而至消失。精神与肉体不能同步共存时，肉体消失了，而魂魄还没有到消失的地步，魂魄无所依则成为厉鬼；即使二者同步进行，人的肉体死亡，魂魄还是必须要有所依归——这就是殡葬制度的出现。

《左传》记载了昭公七年的一段关于厉鬼的故事，是古人对魂魄无所依靠成为厉鬼的解释。当时的郑国有两派贵族，为了权力而激烈斗争，要争权的一派发动突袭，杀死了酒醉未醒的执政大夫伯有。过了几天，郑国国都的街上不断有传闻说伯有披甲呼叫，扬言某一天要杀死敌人，这样的扰攘当然惊动了郑国上下。为此，当时郑国最有学问的人子产，回答了晋国大夫对于这件事情的询问。子产的回答是：魂魄无所归依，就会成为厉鬼；而伯有的家族三世执政，家族旺盛、人口众多；这种家族“取精用宏”——精神肉体都很旺盛，忽然被杀，他们的精神部分并没有随着肉体衰弱，因此化为厉鬼惊动人间。这一段解释，在中国宗教史上经常被人引用，说明魂魄与肉体之间的关系。一方面，一个集体的禀赋不只得自先天，也可以在后天获得，还会有强弱变化。获得资源和权力多的，其魂魄和肉体都会强健；反而言之，没有机会掌握足够资源的，精神肉体都比较衰弱。如何在人肉体死亡后适当地安置魂魄，显然是重要的人生课题。

我们先从古代人处理死亡的过程来观察他们对魂魄的观念。《仪礼 · 士丧礼》和《礼记 · 祭仪》等章节，都对于人死亡时的处理方法有详细的叙述。人断了气，第一步是丧家带着死者的衣服，爬上屋顶呼叫死者的名字，请他回来；三次叫不回来，就把衣服放在原来的寝床上，使魂魄有所依附；同时，立刻招手准备一副旌旗，上面写着死者的名字，插在一小鬲粥上（后世则是插在一碗米粒中），使魂魄有所依靠；然后，等到木制的牌位完成，在牌位上写下死者名讳，这一个牌位从此代表死者自己的灵魂，使死者有所栖附（到了近代，中国丧礼中还有“穿神点主”的仪式，也就是以其子孙刺指滴血，书写神字的一竖和主上的一点，其意义乃以其子孙血液，代表死者本身的生命）。这一串过程中，用来形容魂魄依附的动词，常有“栖”字——鸟类栖息的同一字眼，似乎隐喻着魂魄和鸟一样，飞翔而必须有栖息之所。在我年轻时，经历过祖母的丧礼。丧礼办完后第七天，称为“回煞”——据说那时魂魄会以大鸟的形体回来，道士会观察地上预先洒上的灰土，指出哪些是鸟爪的痕迹。凡此仪式，可见中国民俗信仰对魂魄的具体形象的想象，比拟为飞翔的鸟类是说明魂魄是具象的，而不是抽象的存在。

死后的埋葬，在中国所谓“入土为安”，按照古代的典籍所说是“魂归于天，魄归于地”，魄还是和死者的遗体共存的。在汉代墓葬中，经常出土殉葬的文书即墓券，也有些称为镇墓文（见本章末附件），或铭刻于铅版、陶片，或书写于木牍、竹简。这一类的文书文字有各种的形式，但大致的内容相当一致。内容复杂完备的墓券一般包括以下内容：

其一，说明这一块坟地从原主购买，有证人、有地价；其二，在这块土地上，如果有其他尸首存在，就应当做死者的奴婢——这说明，墓葬的土地也有排他权；其三，广为宣告这块墓地的购置和埋葬权利，上通天庭，下到地下世界各级神界官吏，并提到是地上的丞行文地下丞或者下文给地下的里长等，宣示死者对这土地的主权；其四，列明供死者使用的随葬明器。除此之外，属于镇墓文的文书，内容又更为复杂，其中会提到埋葬的黄豆种子等物，为死者在另一世界开发必要费用或零用钱。

汉墓出土不少明器，大多数是一栋房屋，比较复杂的是相当完整的院落，包括猪圈、田地、池塘，这些都是供死者在另一世界生活使用。当然，帝王贵族有更完整的全套设施。例如，秦始皇不仅墓顶上享殿面向东方，象征秦始皇还在君临整个中国，而且地下成千成万的兵马俑和文官武将，时时准备为始皇帝征讨各地。后世每一个帝王的陵寝，虽有丰俭的差别，但基本上都有前殿后寝的规模，也有沿着墓道站立的文武百官和石像生，象征帝王的威权和他死后舒适的生活。凡此安排，都说明了在中国人心目中，尤其是在佛教进入中国以前，死后是生前的延伸，人的生命是一代一代延续下去的，而且每一代都是从生前这个世界延伸到地下的世界。

相对言之，基督教的信仰，有人最后回归的上帝和天堂；伊斯兰教的信仰中，天堂是人间梦想的美酒、鲜花、美女；民间的佛教信仰，也认为天堂会有七宝楼台和飞天仙女。中

东汉随葬明器猪牛羊圈模型，美国大都会博物馆藏。

东汉随葬明器院落模型，美国大都会博物馆藏。

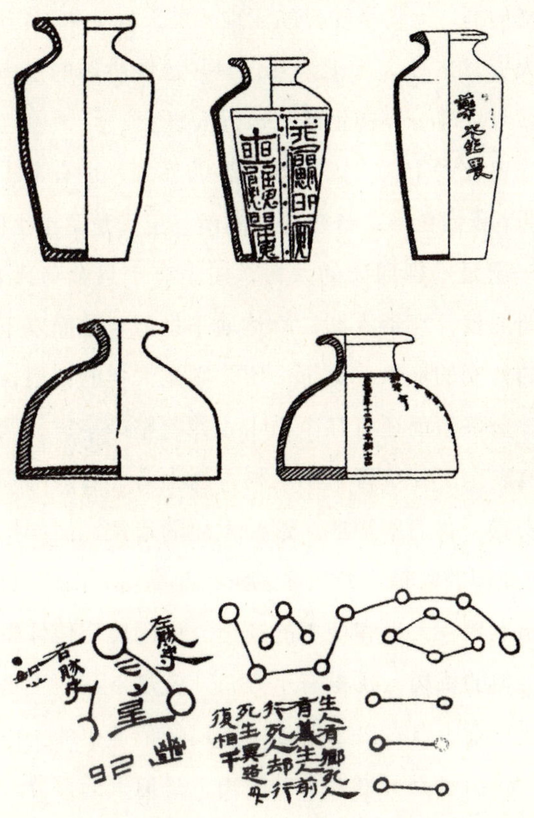

汉代的镇墓瓶样式和镇墓文摹本。人死后以镇墓陶瓶随葬，是东汉初期出现的丧葬习俗，后逐渐流行开来，类似的还有买地券、镇墓石等。东汉的一些丧葬习俗与道教在民间的兴起有相当的关系，从镇墓文的内容图案即可窥见一二。上图分别引自贾立宝《东汉镇墓瓶的考古学研究》，《考古与文物》2017 年第 1 期；刘卫鹏、李朝阳《咸阳窑店出土的东汉朱书陶瓶》，《文物》，2004 年第 2 期。

国的民俗信仰，天堂是神界的天地，是天官天吏工作的地方，不是常人安息之处。入土为安，只是说明生前的生命在地下还是过着与生前一样的生活，永远安息。

中国古代关于天、人、地三界的界划，也有考古的证据可做说明。我们在第二章曾提到湖南马王堆楚墓出土的绢画，最上面一层是一棵通天的大树，树上有十只金乌代表天界，这棵大树的根，穿透人间，直达地下世界；地面以下，是墓主和他的仕女的形象；更下一层，则是大树的树根，植根于黄泉——黄泉下面还有几个力士，撑起整个宇宙。四川三星堆遗址也出土了一株青铜的大树，树上有许多大嘴鸟，可树根如何安置，我们不知道。这种大树的形象，假如按照米尔恰·伊利亚德的解释，乃生命之树，与高塔大山的象征相同，都是联系上界、天界和地下的通道。中国民俗信仰中，有一棵通天接地的桃树，桃根有个开口，就是下到地下世界的通道。同样，泰山自古以来就是中国民俗信仰中的圣山。道教信仰中，泰山还是玉皇大帝的座山，是通天的部分。汉代的泰山管生也管死，汉代所谓“泰山都尉”是泰山的主管，汉代镇墓文中常见归于泰山的说法——“魂归于城父，魄归于蒿里”，魂应当在泰山等候天界的差派，魄在地下的蒿里永远安息。

在地下世界得到永远的安息，是众人的愿望。战国到汉代，《楚辞》中的《大招》和《招魂》两篇，都是以叫魂的方式告诉死者，东、南、西、北四方都不能去，那些地方都有各种吞食灵魂的精怪和异物。呼召灵魂回到家乡，在那里有替他们安置的亭台楼阁、佳肴美酒，还有侍女仆役使他们生活舒适自在。如此方式的劝说，正是说明了中国人把死后世界看作人间永远的延长，一个永不再进行的停格。

在佛教传入中国前后，中国本身的生死观念已经有些改变。《太平经》代表的前道教宗教思想，已经具有“平生功过难逃裁判”的观念：一个人的行为，即使生前可以逃过官府的裁判，死后却逃不开神界和阴间的裁判，对生前的善恶行为会有所报应。东汉末期，显然佛教已经进入中国，在佛教经典中并不十分强调的死后裁判，却引发了中国人对死后必须面对裁判的信仰。巴蜀地区的天师道，无论承袭《太平经》传统还是接受佛教影响，都认为死者要对生前的行为负责，死后的惩罚比生前世界需要面对的官府更为严格，而且无所逃避。东汉晚期的镇墓文，有几篇包括了死者的行为不要连累生者的语句——所谓“承负”，这一观点已经和春秋战国时代生者、死者祸福一贯相连的理想有所不同。死者的过失，由死者自己承当，不能让生者替他担负罪责。

前文说过，新石器时代的宗教观念，有对于自然的畏惧和对于祖灵的观念，这就分别为两个传统：一方面是神祇，一方面是祖灵。到了殷商时代，显然祖灵的信仰强于自然的信仰。究竟何时开始转变，在史料方面看，未尝没有可见的线索。

《国语·楚语》说：“及少昊之衰也，九黎乱德，民神杂糅，不可方物。夫人作享，家为巫史，无有要质。民匮于祀，而不知其福。烝享无度，民神同位。民渎齐盟，无有严威。神狎民则，不蠲其为。嘉生不降，无物以享。祸灾荐臻，莫尽其气。颛顼受之，乃命南正重司天以属神，命火正黎司地以属民，使复旧常，无相侵渎，是谓绝地天通。”这一段话里所谓“绝地天通”，就是说人间和神庭被划分为两半，神庭方面是延续了崇拜自然而畏惧自然的巫觋传统，而祖灵的崇拜则呈现为本章的主要部分：所谓慎终追远，以拟血缘团体的延续性为主要关怀。对祖宗说话不需要经过巫觋，因为子孙和祖宗有血缘的联系，其沟通可以透过亲情的扩张，使祖宗在另外一个世界代表子孙向神祇们请求庇护。然而，崇拜神祇的宗教情绪并没有消失，只是神与人之间以祖灵作为媒介，下一章讨论中国传统宗教时，对于神与人的关系，还会有更清楚的叙述。

镇墓文、墓券之中又出现各级神祇，似乎他们都具有管辖冥事的权力。这一现象，当与秦汉以来官僚制度完备有关，其中官府代表的公权力，对于所有的臣民而言都有一贯的权威。理论上，人无论贵贱都要对自己行为负责任，于是，生前侥幸逃避的罪行，死后的地下世界或是地下的官府，也会加以裁判或惩罚。相当有趣的是，有一篇镇墓文显然是为了应付“承负”的责任，在殉葬的器物中有人参几株，作为被惩罚时代替死者受刑的代表！这种安置也充分说明，中国人把地下世界看作生前世界的延伸和继续。这种生死一贯的观念，与犹太基督教思想中认为人死后是在神的世界安息，直到最后一日还是会面临审判，区隔相当明显。

佛教里有因果报应、三世轮回的思想。例如，生前犯了杀劫，转世要受杀劫之苦，这是自身经过轮回所要历经的种种报应。中国古代家族祸福一贯，则是中国所谓“子孙报”，与“来世报”和“现世报”并行。来世报显然是佛教的影响，现世报则是此生未了以前就必须为自己的行为负责，而此生报应不到，善报及于子孙，恶报也祸延子孙，就是子孙报。所谓积善之家必有余庆，这是家系的共同责任，是同族整体性的体现。

关于生死问题，中国传统的观念也与其他地区的人群类似，不免有永远不死的憧憬。《山海经》是一部陈述人间以外神奇世界的书，大约是战国至秦汉间作品，各个部分未必同时成书。该书将世界划分成几个同心圈，分别为山经、海内经、海外经、大荒经；中山四周有四山，山外有四海，更外面一圈则是海外，东南西北都有特定的方位。《山海经》将各种山妖水怪、奇禽异兽都安置在这些山与海的各处。在这些地方，也有各种永远不死的神祇，各有各的超异能力，也有一定的管辖权力。这许多神祇，并没有神庭的组织，似乎各在其控制的范围内行使其特异能力。巫觋在这些神怪旁边，又有一定的能力：可以通灵，也可以使用一些法器或灵物影响这些神祇。

《山海经·海内西经》说：“开明东有巫彭、巫抵、巫阳、巫履、巫凡、巫相，夹窫窳之尸，皆持不死之药以拒之。”这些大巫拥有法力，能持不死之药保护自己，也可以保护旁人。这些大巫的名字，有些有曾经出现于其他古书，可能是古代关于著名巫师的记录，被建构为《山海经》中的著名大巫。关于不朽的理想，在后世道教也是重要的观念，下一章会有更多的讨论。

另一种有关不朽的记载，则是《山海经》中的有些神人。例如“刑天”，他是向天神挑战的英雄，虽在败于天神后被斩首，却并不投降，以乳为眼、以脐为口，仍旧手持干戈继续挑战天神。陶渊明在组诗《读山海经》第十三首中写道：“精卫衔微木，将以填沧海。刑天舞干戚，猛志固常在。同物既无虑，化去不复悔。”在这首诗中，陶渊明特别表彰了失败的英雄。在中国的历史上，这种同情失败者的情操其实并不罕见。

最后应当提起儒家“三不朽”的观念，《左传》襄公二十四年有言：“（叔孙）豹闻之，太上有立德，其次有立功，其次有立言，虽久不废，此之谓不朽。”这三项不朽，立德、立言、立功，都是人所留下的影响，而非生物性的永远不朽。儒家将不朽的观念升华成为伟大人品，留在人间供世人纪念。这个类似宗教的情操，却又不带任何宗教的神奇性，是儒家人间性质能够提出的最高境界。呈现于民间信仰中，乡里之间令人钦佩的人格，是台湾闽南语所谓的“人格者”，他们死后还是经常会被人怀念。中国许多地方的土地神，在一般人的传说中往往是某一位刚死去不久的“人格者”，被任命为当地的保护神。一些土地庙，每过一阵可能要重新塑造一个神像，而且是以某一个“人格者”的形象作为参考。孔子自己在后世被称为“万世宗师”，而在科举未废的时候，文昌是读书人祭拜的对象：这些就代表“立言”的不朽。在地方上，曾经造福一方的官员也会永远被人间记忆，甚至被视为神。建设四川都江堰的李冰父子和创建苏皖防水工程的张渤(号为“张大帝”)，都是立功者被千秋万世奉为神明的例子。

以上提出的许多现象，乃传统的中国社会对于生死的见解。我一生前半段所见，还是和传统距离不远。最近这几十年来中国的变化极大，尤其在中国大陆，经过多次革命，在仪式和理念方面，传统的生死观念都已经完全改观。不过，在台湾与海外的华人社会，虽然一些过去实践的礼仪都已经简化或者被修改，但在情绪上，慎终追远、崇功拜德的理念仍旧存在。以上所说古代的民俗信仰一直到今天，大体上还存在，所以近代以来的丧礼还有焚烧各种纸扎器物的习惯。

在我这一代，父母的忌辰还摆供纪念。在家乡，新年、除夕、元旦、清明和冬至，都会祭祀祖先。我家自从抗战时期离家客居，先父手书直系祖先名讳挂轴，每逢年、节悬挂遥祭。我们弟兄迁移美国，每家也都有历代祖先名讳挂轴，至少在除夕和元旦会遥祭先人。凡此习惯，其实和汉代的明器、地下的寝宫类似，其意义是祭亲如在、事死如生的一贯态度。

今天台湾的人民大多是移民后代，他们家中往往有祖先牌位，牌位背后有一滑板，书写祖先原乡地名，岁时祭祀，不忘根本。台湾的市镇、农村，如果当地人家有丧事，丧家可以封闭一条街道，搭棚接待亲属、办理大事，还会焚烧纸扎冥器（包括房屋、汽车、家具、衣物、电视、计算机……）供死者地下使用。以我个人所见，在美国的华人没有祖坟可上，甚至于没有祖宗谱系的记忆，然而在生活之中，亲子的感情还是延伸为一家三四代亲密的感情。不仅亲人之间互相关怀，同城的华人朋友之间，也是守望相助、互相支持。

海外华侨离家已经数代，仍旧系念祖先。在菲律宾首都马尼拉的华侨墓园，坟墓的前后还有类似享殿的建筑，足以使扫墓的人在内休息度假，墓前还有石刻或水泥做的自用汽车。我曾经访问过马来西亚的马六甲，当地有延续数百年的华人坟山，几乎每天都有人在祭扫祖坟，献礼致敬。马六甲的华人社区有一栋大楼，最上层是供奉妈祖的殿堂，下面各层都有同姓的宗亲会，各占一间房间，供奉先侨的牌位。马六甲的华人社区，据说已经存在八百年。十多年前访问该地时，黄昏时刻，漫步华人街的石板路，宛然可见明清时代的门联和门窗墙雕塑。那一时空停滞的印象，至今犹如目前。

正如开章所说，中国人的宗教情绪，并不一定依附在建制性的宗教系统及其有关仪式，而是普遍地融合与包含在日常生活之中。它从生和死的问题，延伸为祖先的记忆，凝聚许多个人为宗族团体；而宗族与宗族之间，又有千丝万缕的亲情成分，中国文化中遂有了“同胞”的观念。直到今日，“炎黄子孙”还是中国人互相聚合的口号。中国几千年来以农耕为本，精耕细作的农业需要彼此共济合作，促使村落社区成为大社会最基本的单元。同姓经常居住在同村，邻村之间又有彼此的婚姻关系。这些线索，将中国文化涵盖的社会聚集为一个世界最庞大的共同体。本章所述，也就是维系这个庞大共同体的一些宗教情绪。

附

《贞松堂集古遗文》所录延熹四年(161)钟仲游妻镇墓券:

延熹四年九月丙辰朔卅日乙酉直闭，黄帝告丘丞墓伯、地下二千石、墓左墓右主墓狱史、墓门亭长，莫不皆在，今平阴偃人乡苌富里钟仲游妻薄命蚤死，今来下葬。自买万世冢田，贾直九万九千，钱即日毕。四角立封，中央明堂，皆有尺六桃卷、钱布、铟人。时证知者先□曾王父母□□氏知也。自令以后，不得干□［扰］生人。有天帝教，如律令。

光和二年（179）王当墓所出买地铅券：

光和二年十月辛未朔三日癸酉，告墓上墓下中央主土，敢告墓伯、魂门亭长、墓主、墓皇、墓臽:青骨死人王当，弟[伎]、偷及父元兴等，从河南□□［左仲敬］子孙等，买谷郏亭部北陌西袁田十亩，以为宅。贾直万钱，钱即日毕。田有丈尺，卷书明白。故立四角封界，界至九天上，九地下。死人归蒿里地下，□□何□姓□□□佑富贵，利子孙。王当、当弟伎、偷及父元兴等，当来（人）［入］藏，无得劳苦苛止易，勿繇使。无责生人父母兄弟妻子家室。生人无责，各令死者无适负。即欲有所为，等焦大豆生、铅卷华荣、鸡子之鸣，乃与□神相听。何以为真？铅券尺六为真。千秋万岁，后无死者。

如律令。券成。田本曹奉祖田，卖与左仲敬等；仲敬转卖王当、当弟伎、偷、父元兴。约文□□，时知黄唯、留登胜。

汉熹平二年（173）十二月张叔敬镇墓文（山西省）：

熹平二年十二月乙已朔十六日庚申、天帝使者、告张氏之家。三丘五墓，墓左墓右、中央墓主、冢令、主冢司令、魂门亭长、冢中游击等。敢告移丘丞（墓伯）、地下二千石、东冢侯、冢伯、地下游击、（蒿）里伍长等。今日吉良、非用他故。但以死人张叔敬、薄命蚤死、当来下归丘墓。黄神生五岳，主生（一作死）人禄、召魂召魄、主死人籍。生人筑高台，死人归深自狸。眉须以（须已）落、下为土炭。今故上复之药、欲令后世无人有死者。上党人参九枚、欲持代生人。铅人、持代死人。黄豆瓜子、死人持给地下赋，立制牡厉辟土咎，欲令祸殃不行。传到、约敕地吏、勿复烦扰张氏之家。急急如律令。

第七章

守护人间的众神

本章所述，也是在宗教信仰课题下的一个支题。正如第六章提到，对于中国宗教，杨庆堃先生主张：中国人的信仰，并不在建制性的宗教系统之内，更多的却是融合于日常生活之中的仪式和理念。如果我们要以建制性的宗教系统作为讨论的课题，则必须要认真研讨许多神学课题。无论佛教或者道教，这两个主要的宗教系统，许多先圣大德都曾经研讨过神学的理论，也曾旨意精微地提出重要的哲学问题，但是，这些高深的理论对于一般的信徒似乎影响不大。今天询问佛、道两家的一般信徒，他们对于各种经论其实不太明白，也并不十分关心。他们注意的，却是哪些神祇在自己的生活中有怎样的影响？他们的生活方式，应持守怎样的态度？这些才是影响中国一代代平民百姓之所在，也是他们精神生活的依归。关于这几个建制性宗教在现代的情况，仍将于本章有所陈述。

人类的宗教情绪，其实不外乎“敬”“畏”二字。前者是尊敬，也带着感情；后者是惧怕，又不知道如何对付。许多研究原始宗教的学者，大概都会在这两个方面设想人类如何选择敬拜的对象。归纳许多古代民族的信仰，我们大概可以按照上述所说分成两类：一类是对自然力的敬畏，一类是对死者，尤其是祖先的崇拜。在后面这一类，中间又夹杂着思念和感情。自然力方面的崇拜，就成为自然神的神祇系统，后者则是祖灵的崇拜。上一章我们提到中国古代类似图腾信仰的观念，那更是将自然的事物和祖先崇拜结合为一，将某一种值得畏惧的事、物或者现象，与自己祖先的来源结合成为一套生命来源的解释。

例如，我们对“苍苍者天”，都有一种仰望的尊敬；对于日月星辰，也有敬畏之情；对大地，那生命的来源，从大地上生着植物，我们可能就联想到大地和母亲是一类的生命之主。同样地类推，高山、大海风暴、雨露，对我们的生活都会造成极大的影响。于是，我们会把这些现象当作崇拜的对象。

我自己体验过一段经历。在抗战时期，我大概十一岁，因为逃避日军春秋之间的进攻，我父亲领导的单位留在前线，眷属们要往后撤。大队人马都要步行，只有行李和给养是由滑竿夫抬运。我身有残疾不能步行，于是靠在行李上被抬着行动。有一段路程，是要跨越湖北西部大巴山的余脉，从平原跨越山口，很远就往“界牌垭”山头行进，走了一天多才走到那儿。山顶上有一片小平台，大概有五六抬滑竿、十余名滑竿夫，前后到达垭口。领队的滑竿夫招呼：“大家去拜山神庙。”那是山顶的平台上，由几块石板构成一个简单的小庙。这平台大小不过十几丈方圆，天风猎猎，四周的树木不过两尺高，站在峰顶四顾，西边是高耸入云的大巴山，东、南和北三面群峰低头，仰视天空漫无边际，除了风声，只有一片静寂。滑竿夫们在山神庙前跪下敬拜，我坐在一堆行李上面，四顾茫然。当时十余人，没有人发言。滑竿夫都是半蹲在地面围成一圈，脸向南方，连我在内，都被这茫茫苍天四顾无涯的情景慑住了。如此大家静坐十余分钟，才默默起身，向南坡走下去。没走多久，忽然经过一路夹竹桃正在盛开，花路尽处，一个小小的台地，那是十余户人家的村庄：儿童奔跑笑语，大人们在工作，几条狗对着我们汪汪吠叫。这是战乱之中呈现的一片太平。

上面两个景象，在一小时之内先后呈现。那时候年纪轻，不懂得宗教，然而在后来，我读社会人类学、民族学和宗教学的课程时，在山神庙前被慑住的那一份经验，总是清清楚楚呈现目前。正是因为在大自然面前显得如此渺小，我们才会设想有一位伟大的力量，我们将他人格化为代表各种自然力的神祇，如天神、地母、山神、水仙等。

在祖灵一类，上章已经有所陈述，最重要的情绪是对生我、育我的父母，有敬爱，也有怀念，总希望他们的生命没有终结。对于一些生命忽然终止的死者，我们总觉得他们剩下的一部分生命会滞留在我们四周，形成上章所谓“厉鬼”的现象。以上种种，造成了我们宗教情绪中祖灵崇拜的心理条件。

对于各种神祇，在原始宗教的时代，人群之中会有若干人，由于他们特别的感受，别人就把他们当作可以与神交通的媒介。这种人累积成为一群“神媒”，他们建构了一套他们的解释，以及他们认为有助于神灵交通的礼仪。这些人在一个原始族群之中，往往成为群众的领袖。各种宗教有各种的名称，有些地方称为祭司，有些地方称为巫觋。上一章我们曾经引用过《国语 · 楚语》中观射父讨论巫觋的一段。观射父认为，在没有建制性的宗教体制以前，几乎人人都有担任神媒任务的机会。直到颛顼的时代，政治领袖的体制已经形成，那时才将天神和人间划分为两个系统。祭天的工作由神媒担任，人间的管理则是人王的责任。颛顼的时代，可能出现了中国最早的历法：一个按照农业生产安排的周期。这一颛顼历却是代表了人是天、人之间的结合，不再是由祭司、神媒专断的一个行事时序。在《国语 · 楚语》中这一段的叙述，则被称为“绝地天通”——断绝了天和地之间的混淆。

先秦时代，中国是一个祖先崇拜和分封制度结合的宗法社会。人间的王者在理论上是代表人间与祖先之间的结合点。人间一切的祈祷和愿望，应当由作为宗法结构领袖的王者向祖先陈述，也得到祖先的庇佑。祖先们则代表子孙，向自然力的神庭祈求天命和保佑。如此的信仰系统，并没有独立另设的教会。借用中国的邻居日本历史上的神权为旁证：日本的天皇和神道信仰，其实还是代表如此的结构。日本神道教神社的祭司“神官”，只是伺候神明的工作者，而神、人之间的联系点则是天皇（第一个天皇“神武天皇”，其实就是他们当时的大女巫卑弥呼）。

中国文化中两大主要的宗教系统，是佛教和道教。前者在汉代才传入中国，后者的逐渐组织成形，也在佛教传入之后同时进行。在汉代以前，中国的宗教信仰其实就是前述天神、神祇、祖灵的结合。秦汉统一以前，中国各个地区都有一些地方性的信仰，所以中国的神明信仰并没有一个中国地区全部一致的系统。在佛、道两个系统各自发展的过程之中，他们的神系并不固定，经常出现一些变化，有时候某些地区的地方信仰会扩大成为某个教派的主要成分。若要根据今天传承的佛、道各宗派崇拜的对象编列神庭，实在是极为困难的工作。举例言之，民间通俗信仰的神庭，是根据一部明代的小说《封神榜》里姜子牙封神的故事，认真地排列神庭地位与职司。正统的佛教、道教，应当不会接受这个故事编列的神庭，然而庶民百姓却将姜子牙封神当作真实的众神谱系。

在这种民俗神庭形成过程之中，其实我们也可以找到一些原则。常见的变化则是自然神的人格化，如威严的天神是父亲形象的人格化。泰山是中国东部最主要的神山，因为是山东比较平坦的土地上一座高耸的大山，所以显得特别崇高。这座山的山神，就因为高山可以上达天庭，所以“东岳”的主神又往往和神庭的主神混淆为一。又比如，土地之神是生产力，那是母亲形象的人格化；母亲神的形象，又会集中在母亲的保育和母爱的宽恕——于是，最高的女神常是慈悲、宽恕救赎的慈母形象。同样的原则，可以解释为何山神代表巨大的神力，水神则代表柔和女性的神力。

古代的农夫，对于土地的生产力，因为依赖而崇敬。据《礼记·郊特牲》记载，农夫们在种植的季节和收成的季节，要敬拜“先农”“先啬”，还要祭祀灌溉系统的水沟和堤防，甚至祭祀驱赶野猪的虎和驱赶鼠类的猫。在古代农夫的心目中，这样的神明系统虽然如此琐碎，却是非常重要的神力，必须尊崇敬拜以求取护佑。

另一个原则，则是纪念某些做出过特别贡献的真实人物，这既是感恩，也是盼望他有益于人间的功绩可以长存。这个原则，就是中国人所谓的“有功德于人”，聪明、正直者都可以成为神。关公是中国人民俗信仰中很重要的大神，原因在于：关公一生义气深重，以一死报答刘备，于是成为大众纪念的对象；又因为他勇武绝伦，所以成为一般无助的小百姓仰望的保护者。佛教中的观音，在原始佛教系统之中是菩萨，不是佛，也不是女性。可在中国人民俗信仰之中，观音竟成为汉传佛教主要神明，则是由于母亲形象的救赎能力，被塑造为受万民敬拜、救苦救难的女神。中国南方沿海地区尊奉的妈祖，号为“天上圣母”，是海员和渔夫们尊奉的名为林默娘的宋朝女子：据说她在梦中救援遭逢海难的船员，于是成为海员、渔夫的保护神，进而发展成为一个保佑、救赎大众的母亲神。

中国各地都有“城隍”，也有“土地”，分别是一个县城的保护者和邻里乡党社区的保护者。他们的地位，是从人间的官僚系统以及地方社区长老功能投射出的两个职位。在各处的城隍，常常有相当类似的传说：某一位对地方有建树、对百姓有恩的地方官，在死后又被派到此地担任城隍。当地的社区之中，如果某一位长者平时得人尊敬，也时时刻刻为地方尽心尽力，那么在他死后不久，也往往有人会传说，土地神改由这位长者担任；百姓们会重塑土地神像，多多少少按照这位长者的形象塑造金身。

下面将以我的故乡无锡和长久居住的台湾为例，从这些地方庶民百姓所敬拜的神祇，呈现这两个不同地区的众神有何异同。先说无锡的众神。无锡是江南的一个中等城市，也有两千多年的发展了，交通方便、地方富庶，各种宗教活动当然也非常活跃。如果只限于建制宗教，无锡也有古老重要的寺庙宫观，例如佛教的崇安寺和南禅寺，都是在南朝时代就已存在，也曾经兴盛。在近代，以抗战前后而论，这些大寺庙除了一些例行的法事，其实活动不多，讲经的法会几乎很少举行。崇安寺本身在太平天国以后已经成为废墟，在其旧址，曾经有过简陋的道观雷震殿（二胡名曲《二泉映月》

的天才琴师“瞎子阿炳”及其父，都曾是这家道观的观主)。崇安寺的名称与苏州的玄妙观齐名，竟是饮食店的集合地。

在道教方面，例如东岳庙、斗姆阁等也都存在，它们的功能似乎也只在于一般拜忏祈福。无锡道观大多是茅山教派的分支，专长是克治鬼神。不过，我也曾有幸聆听道教的音乐。在抗战胜利后，江南各地道观曾经在无锡组织过一次传统音乐的表演，许多过去著名的重要乐曲都忽然出现。除此以外，老百姓的日常生活中，也很少看见有宣教的活动。比较常见的，是新生男婴“记名”于某神明座下，以祈求保佑的风俗。

在这些建制性的宗教团体以外，倒是有些牵涉日常生活的寺庙。无锡城西的惠山，据说有一百多个祠庙，不过其中有相当大的比例是家祠和宗祠，属于私家性质。大家族联络族谊和分配宗族资源，也常常是在家祠进行。

我现在要介绍的，却是一些民间崇拜的特殊人物：一类是已经约定俗成，成为神明的一些神祇；一类是地方性的历史人物，被百姓纪念、供奉于道教系统下的寺观。第一类最著名的是东岳庙，供奉的是泰山主神东岳大帝，又例如延寿司殿供奉的是主管人寿命的南斗星君麾下神职。我家在重庆时，曾经寄居无锡同乡会，那是无锡旅渝铁匠的会所。据他们告知，冶工、铁匠在故乡的会所就在延寿司殿。第二类最著名的一处是张元庵，供奉祠山大帝（张渤)，据说他曾是汉代的地方官员，曾经治理广德地区的水道，将散漫的河流和沼泽分别纳入长江系统和钱塘江系统。江南各地都有他的祠庙，而且尊之为“大帝”。又例如，南水仙庙供奉的是明末的无锡县令王其勤，他的功劳是组织当地的渔民等，将其编入民团抵抗倭寇；因为保存地方有功，他在身故后被奉祀在城南，号为南水仙。这是将有功于地方的县太爷和渔民供奉的水仙合而为一。此外，这一祠庙邻近制作瓦缸的黄埠墩，因此也成为烧窑洞的窑工集会的地方。又如西水仙庙，则供奉另外一位明代县令刘五续，他在任上组织整理河川湖泊、开通航道并开垦土地，但却因此丢官受罚。百姓纪念他的恩德，将其供奉在城西，称为西水仙庙。这个庙也成为运河与太湖周边船户和运粮工作人员的聚会所。

惠山还有一些真实的历史人物，他们的贡献和事迹也都得到百姓的纪念。安史之乱时，张巡和许远坚守睢阳、保障江淮，江南百姓为供奉纪念他们而建庙“张中丞祠”。另一所是供奉明代抵抗瓦剌入侵的于谦的少保祠。少保祠中，也附祀明末在太湖抗清的夏允彝、夏完淳父子，分别称为“先生”和“郎君”——一般的访客，却没有注意到这两位先贤。

每年三月无锡庙会，八家祠庙都要派队庆贺东岳大帝的生日。前面所说的几个祠庙，包括延寿司、东水仙、西水仙，还有延圣殿（供奉晋代除三害的周处），加上无锡、金匮两县的城隍，都集中在中丞祠，由中丞祠的管理人员亦即庙祝接待，浩浩荡荡，分批移转到张大帝庙，再出发朝见东岳大帝。这个一年一度的庙会，吸引江南一带成千上万的观众，无锡人每家都要接待亲友，是全国著名的大庙会。在这庙会的过程中，各种职业公会，例如船夫、渔夫、铁匠、窑工等，都集中在他们平时聚会的寺庙，作为基本的庙会队伍。每家庙宇都有经常来往的地方大户人家，提供他们的职衔牌，前呼后拥。各家祠庙的文武队伍，进行途中不断表演：文的是抬在竹竿“抬阁”顶上的少女，扮演戏文；武的则是各行各业子弟，有列队的前导、扈从，一路表演武术。

这一路的热闹中有一部分，其实具有相当深刻的意义。队伍之中，会有一些人罪衣罪裙、披枷戴锁，被队伍中身穿皂隶服装的监押者驱赶前行。这些“罪犯”中，还有一些特别的人物，腕上刺了几十根针，悬挂灯、锣随队进行。在他们后面，又有几辆车或是几个担子，扛抬一些文具箱——这箱中放置的是许多信徒念经的记录，以及儒家传统每天检查自己品性的功过格，都是本城许多家族念经和忏悔的记录。队伍中的“罪犯”通常是志愿者，自愿代表世间犯了过失的人受罚。而那些念经和忏悔的记录，则是许多一般老百姓每天反省的总陈述，以此来救赎犯罪者的罪行（关于这方面，下一节再说明）。“罪犯”们要在朝见东岳之后，才能改穿常服，表示洗清了他们的罪行。以上所说的是无锡的庙会，下面来看台湾的民俗信仰和庙会，之后我会比较两个不同社群的民俗信仰的异同。

台湾是我离开大陆以后安身立命之所。在这里，我度过青年期，职业生涯也在台湾开始，虽然后来在海外工作，此心从未离开台湾。对台湾的民俗信仰，我也有些认识。而且，我有幸认识林衡道先生和几位台湾民俗学家，经过他们的说明，我才对台湾的民俗信仰的细节有比较清楚的认识。

台湾的众神，以城镇中的寺庙而论，有下面所列的若干项目：文庙（孔子庙）、武庙（关帝庙）、城隍庙、文昌祠、龙王祠、天后宫、火神庙、先农坛、烈女节妇祠。台湾的神明，则有神农大帝、太子爷（中坛元帅）、齐天大圣、孚佑帝君（吕洞宾）、济公活佛，以及虎爷、猴将军等，还有大树公、有应公、万姓公妈、大众爷、大墓公、万姓爷、水流公、普度公、义勇爷、义民爷、十八王公……以上的神明，其实大半和大陆各处相同：有专门功能的神，例如关帝、城隍等；也有一些例如太子爷、齐天大圣、吕洞宾等，这是从民间的传说和故事之中撷取其事迹，奉为神明；虎、猴、大树等，则是对于若干长寿或是神奇的动植物的一种崇敬；至于有应公、万姓公妈、义民等，则是一般没有后嗣的死亡者，民间共同祀奉他们，以免其成为厉鬼作祟人间；还有一些"王爷"，例如温府、池府、三十六王爷等，则是死于非命的冤魂。三十六王爷，有人认为他们是三十六个赶考的读书人，中途遭了海难，也有人认为这些人是遭逢瘟疫，全船人都在中途病死。不过从台湾烧王爷船、送船出港、中元庆赞的仪式看来，实际是将瘟神随着王爷船送出海外——这些王爷可能就是代表瘟神，再加上最常见的王爷是温府王爷，此"温"可能就是取其与瘟疫之"瘟"同音。

另有一些神明，则是开拓台湾的各地移民追念自己家乡的保护神，将家乡的主要神明带到台湾奉祀，作为团结同乡的中心。因此，泉州人供奉清水祖师、广泽尊王、灵安尊王、保生大帝（名医吴夲）、保仪尊王；漳州人供奉开漳圣王（唐代开拓漳州地区的陈元光）、辅信将军（马公爷）、德天大帝（俗名林放，孔子七十二弟子之一，所有林姓家族都尊他为祖先）；客家人供奉的三山国王，实是潮州城外三座山的名称，代表故乡的记忆。这种移民怀念故乡的神明崇拜，不仅在台湾有之，远赴南洋在当地生活几百年的华侨，同样会将故乡的保护神带到海外永远奉祀。其动因一是慎终追远不忘故土，记住自己的来源；更重要的是，在新到的地方，来自同一地方的开拓者可以聚集成群、彼此合作。在台湾历史上，族群械斗屡见不鲜，泉、漳之间的斗争，福建和广东（客家）之间的斗争，就是在开拓过程中经常发生的事件。械斗中的死亡者，也被祀奉为“义民爷”或“大众爷”。开拓台湾的许多悲痛的回忆，也就随着这些族群保护神的奉祀留在人心。

台湾奉祀神明的习惯，与我故乡无锡的祀奉制度颇不一样。无锡的寺庙，佛教是佛教，道教是道教，地方上纪念的人物，按其性质和事迹各有各的寺庙。在台湾，情况则相当混杂，几乎没有例外，每家寺庙都会成为许多不同神明的共同奉祀之地。下面以台北万华龙山寺作为例证。

万华龙山寺广泛祭祀的诸位神祇，包括佛、道、儒三教重要神祇。现在根据该寺导游资料，说明神祇奉祀的布局：龙山寺主要可分为前殿、大殿、后殿三个殿，此外可细分为

清代河北武强年画展示的天地人三界众神，引自《中国美术全集·年画》，黄山书社，2010年。

木刻版画妈祖像，引自《天后圣母圣迹图志》道光十二年（1832）刊本。

许多厅，共有神祇百余尊。龙山寺还有观音炉、天公炉、妈祖炉、水仙尊王炉、注生娘娘炉、文昌炉、关圣炉共七炉，信众按顺序上香七炉参拜。其中，炉体较高、靠近大殿的为天公炉；体积最大、位于中庭靠近前殿的为观音炉。后殿由中间开始往两旁参拜，同样靠近中间的，先拜龙边后拜虎边。前殿供奉三宝佛，依佛教仪轨先至前殿礼佛后，再行参拜。

大殿又名圆通宝殿，主祀观音佛祖（圆通二字取自佛家《楞严经·观世音菩萨耳根圆通章》)。观音佛祖即观世音菩萨，亦称观音妈，象征大悲，是阿弥陀佛的胁侍菩萨。文殊菩萨象征大智，普贤菩萨象征大行，均是释迦牟尼佛的胁侍菩萨。韦驮菩萨、伽蓝菩萨和四大天王，都是佛教护法。据说智者大师曾经度化关羽灵魂，关羽从此也成为佛教护法，另有十八罗汉塑像供奉左右。

后殿分别供奉性质并不相同的神明：天上圣母殿主祀天上圣母（妈祖），文昌殿与关帝殿文左武右，也奉祀于此。天上圣母是道教神祇，本名林默娘，即妈祖、妈祖婆、天后，这是台湾民俗信仰中最重要的神明。这一位福建湄洲“讨海”为生家庭的姑娘，据说生而不能言，因此称为默娘。她的父兄都是在海上工作的人员，有一次海难船只倾覆，据说默娘的神灵出窍，在海上救了父亲和哥哥；而且因为她手持红灯引导救难者，将海难人员救回陆地。福建沿海，不是水手就是渔民，都是讨海为生，林默娘就成为他们的保护神。虽然她成神以前只是少女，可是她的神像却是一个端庄的皇后：

早期的脸色是黑面，到后来却演化为白面的贵妇人。从海上生活的保护神，她的位阶逐渐升高，终于成为一切凡民的母亲形象，其功能和大陆上的观音极为类似。她的左右副手为千里眼、顺风耳——两者本来都是在海上航行必须具有的特殊能力，但逐渐演变为千里眼是替妈祖观看世间的灾难，顺风耳是听闻世间的哀号。我们人生在世，穷则呼天，痛则叫娘，妈祖正如同母亲一样，成为世人寻求庇佑和救济的对象。

天上圣母殿左厅，奉祀的水仙尊王是夏朝君主禹，即海王、海神，常见之四陪祀为伍子胥、屈原、李白、王勃。厅内也奉祀着城隍爷，即阴间行政神，负责赏善罚恶。福德正神也位列其间，他是土地之神，保护农业、商业，即土地公。还有龙神，也就是雨神、海神。这些都是典型的功能之神，属于道教系统的神祇。无锡的民间信仰，也一样有这些神明。

天上圣母殿右厅主祀注生娘娘，附祀池头夫人——据说是奉祀一位在泉漳械斗中为了唤醒壮丁应战而被突袭的漳州人杀死的孕妇。厅内也奉祀十二婆者，是产妇的保护神。这一段的情形不言而喻：中国传统社会生产的阶段风险最多，生产孩子就等于在鬼门关上走了来回。妈祖供奉的旁边，有对于妇女特别护佑的神明，也是理所当然。

文昌帝君殿主祀文昌。一般文昌宫、庙、阁、寺，多奉祀五文昌帝君，本寺奉有文昌帝君、大成魁星、紫阳夫子，文昌星君、文魁星君、紫阳夫子、关圣帝君、孚佑帝君合称五文昌。中国的传统士大夫，经过科举方是正途出身，因此，奉祀文昌也是为了读书人的需要——只有获得文昌的佑护，读书人才有上进的机会。华佗厅，不言而喻是供奉华佗仙师——汉代名医，被称为“医神”——这一个特殊功能，是为了人人需要的护生保健。这些日常生活中，面临的许多关口都必须有特殊的神明，护佑信众离祸得福。

关圣帝君殿主祀关圣帝君，附祀关平、周仓。关公的崇拜在中国各处都有，有些地方供奉关帝是因为他义薄云天，也有的地方是因为他武功过人，可以驱邪除魔。在台湾和华南一带，关帝却兼具财神的地位。关于这一点，我也和一些民俗学家讨论过为什么在广东、福建关帝公会变成财神，至今还不得其解。据说是因为《三国演义》中说到曹操要留住关公，上马金、下马银，天天供奉关公。关公辞曹时却留下所有的金银，只挑了锦袍作为纪念。但我认为，这个说法也相当牵强，也许只是因为他的神力高强无所不管，才有功能的混淆。

三官大帝是天官大帝、地官大帝以及水官大帝，龙山寺供奉三官大帝之一的水官大帝。地藏菩萨象征大愿，是超度地狱亡魂的救赎者，也被奉祀其间。月老厅奉祀的月下老人简称“月老”，又被尊称为“月老公”，掌管人世间姻缘之事，故常有信徒向其祈求恋爱顺利（见唐朝传奇《续玄怪录》）。廊下还供奉着“监名神君”，即四神兽之白虎，位于月老厅外墙上。

清康熙年间刘源绘《凌烟阁功臣图》所附关帝圣君像，光绪十年（1884）上海同文书局石印本。

敦煌图卷中的六位菩萨，由左至右，上排分别是地藏菩萨、龙树菩萨、救苦观世音菩萨，下排分别是常悲菩萨、陀罗尼菩萨、金刚藏菩萨，《佛说阎罗王授记四众预修生七往生净土经》，原卷藏法国国家图书馆。

龙山寺奉祀的神明众多、功能复杂，佛教、道教以及一般民俗的神明都供奉于同一寺庙内。奉祀的殿堂位置，也并不能完全反映神明名称所代表的地位。这一现象，只是反映台湾的民俗信仰，习惯于在一个神圣的地方集中所有应当祀奉、不容忽视的神明，祈求他们的护佑，也避免得罪任何一个无意中忽略的力量。杨庆堃先生特别指陈，中国的民俗信仰非常具体而功利，要照顾到生活之中方方面面不可知的神力。台湾是个开拓的社会，人们横渡黑水洋，从福建、广东跨海到台湾，进入一个完全陌生的世界，也必须面临瘟疫、台风、地震等种种天灾，以及族群斗争种种人祸，生活非常不安全，也不容易预料将来的后果。台湾有俗谚“二死三留五回头”，可知移殖台湾之艰难。在这种情况下，恐惧和希望是分不开的。因此，在一个神圣的领域，信众宁可包罗万象，不管道教、佛教或者生活中值得崇拜的人物，能够在前殿、后殿走一圈时，处处都可以敬礼，处处都可以膜拜，也处处都可以祈祷。甚至于一些特定的地方，比如生育之神、婚姻之神和保平安之神，这些特殊的需求，也有一定可以祈祷的地方。

台湾的民俗祭祀虽然神明众多，关帝、王爷以及各种原乡神明的祭祀，形形色色，但仍以妈祖祭祀为最重要。此处，也以妈祖祭祀绕境进香为例，说明民间信仰与地方社区的关系。台湾妈祖庙多达二千余处，几乎每个乡镇都有一个供奉妈祖的寺庙。至于台湾何处的妈祖庙建立最早，各处都在争论。台湾的习惯是，新设的妈祖庙必须从主庙迎接一位分身，也带来一些香炉之中的香灰，号为“分香”。这一制度也就确定了庙与庙之间的先后主从关系。从某个主庙分出来的可能不止一家，因此各处的妈祖有头妈、二妈、三妈等排序，确定其尊卑长幼。这一串的分香，就构成以同一主庙为中心的祭祀圈。当然，全岛许多妈祖祭祀圈又整合成为妈祖的信仰圈。这个信仰圈可能笼罩全台，除了基督徒、伊斯兰教徒，以及其他并不特别承认、也不特别否认者，整体而言大概全省四分之三的人口是属于妈祖信仰圈内的。在全岛各处的妈祖信仰圈中，其中绕境最辽阔的两处，一家是彰化的南瑶宫，一处是台中大甲的镇澜宫。两处都号称是直接从湄洲迎台供奉的主庙，前者涵盖的范围大概从彰化一直延伸到嘉义，有两三百处乡镇，每处都有一个妈祖庙宇是从南瑶宫迎奉的；后者涵盖的范围，是从新竹到台中跨过大甲溪，有五十余处相当规模的妈祖庙，是从镇澜宫分的香。这两家庙宇的出巡，各有自己不同的时间。每次巡境的信众需要迎来妈祖圣驾，跟随游行队伍继续前行，然后再跟随回到主庙，其行程都有七八天，人数十余万，其规模非常可观。

台湾在郑氏时代，管辖的地域主要在南边的台南、高雄、屏东一带，超过台中的部分其实不大。康熙征台，设立治所也是逐步进行。从郑氏到甲午割台，台湾的开拓过程连续进行三百年。因此，无论哪个政权，其治所的分布及治理的深度都相当有限。移民的来历主要有泉、漳和客家，他们之间既有竞争，也有聚合，妈祖庙是这些分合的据点。再次一阶的据点，就是各地原乡带来的保护神庙宇，例如开漳圣王的祭祀，就是漳州移民的中心。由于妈祖是南方海疆中国海上活动者的主要保护神，当然就成为统合这些不同原乡移民者的共同中心，也才得以形成超越这些原乡神明的祭祀圈。客家移民有时属于这个圈子，更多时候他们是聚合于三山国王和关帝信仰之下，不过他们也不会否定妈祖。本处以两个最大的妈祖庙巡境为例，也是因为他们声势最盛，涵盖的地区相当广大。

妈祖出巡绕境，其队伍通常包含头妈以外的诸妈若干位。信众抬着神轿，前有开路，后有扈从。到了各处分香的庙宇，当地的队伍也会加入，包括当地的神轿和随从的其他辅助神明。这些神明之中最不可缺者，则是千里眼、顺风耳两个海上活动必须要用的副神。此外，前面引导的主神中，有判官等有职事的“工作人员”,再前面前导者则是七爷、八爷,即谢、范二将军,名讳“范必罚”和“谢有恩”,一高一矮,一黑一白。从这名讳可以了解，犯了错误必有处罚，向神明谢罪则可以得到宽恕。这二位将军的名讳，说明妈祖也还是具有惩恶奖善的神明。不过，从平日祭祀的情况来看，上庙烧香者总是有一个特定的目的，求祷告妈祖或是其他附祀神明的保佑，希望能够脱离灾难、获得幸福。那一祈祷过程之中，似乎未必包括对于行为的检讨和反省。祈求得到了结果，回庙谢恩的奉献则颇有报偿恩典的意义。换言之，在这一种民俗信仰之中，祈求幸福、避开灾难是一个功能性的交换——先有许愿，后有还愿。台湾开拓过程之中，不可知的灾难太多，任何收获都得来不易，对这种心态我们也不忍厚非。

等而下之，如果没有得到回报，有些信众也就可能不再回庙，甚至可能改投其他神明祈求护佑。更等而下之，台湾有一个恶风俗：信众可能迎接一个小神明回家供奉，为了完成特定的目标。例如在抽奖风行或是股票旺盛的时代，信众的要求是某个神明开示“明牌”。如果中了，他们当然会向神明谢恩；如果没有中，每次开奖之后的第二天，河边上常常飘来一些断手、折足的被破坏的神像！信仰，显得非常现实！每逢初一、十五，很多店家会在门口的土地或者店内关帝神龛前烧香供奉。如果那个月的生意特别兴旺，供奉的供品也会比较丰盛。从这些细节我们也可以了解这些民俗信仰的实用性。杨庆堃所谓世俗成分掩盖的神圣性，也在这些方面可以见到具体的证明。

将无锡民俗信仰呈现的现象和台湾的情形对比，我以为无锡的情况代表一个数百年甚至上千年的传统。地方的资源已经完全开发，而且经过长期的发展已经到了稳定的地步。这样一个富足的地区，必须要注意到国家公权力和民间社会如何衔接。于是，神明之间的关系，也充分反映了这些需求：东岳是代表中央权力，关帝和张中丞、于少保等代表的是保卫国族的英雄，而张大帝、南水仙和西水仙代表的是地方层次的开拓和安定。前文已经提过，每个神庙都是某一个行业的聚会所，这个神就是这个行业的保护神，凡此专门的行业，又和地方的经济发展密切相关。无锡是漕运的起点，南方收集的米粮先收集在无锡附近，再上船驳运到华北。无锡是鱼米之乡，也是丝绸业的中心，于是船工、纺织工等也代表了地方经济重要的部分。每一家庙都与某一群士绅有数代渊源，宏大的庙会以及平时寺庙在地方上发挥的功能，也有缙绅家族的充分参与。这些寺庙的活动，尤其一年一度的大庙会，正是整合地方精英和社会经济的各种参与者，呈现其共同体的团结性。在第一章我们曾经叙述过，无锡社会的福利工作，都是民间精英领导、组织工商业者，共同照顾穷而无告、鳏寡孤独的一般老百姓。这是一个成熟的社会，未知的意外不多，却是需要经常保持已经确定的秩序，使其正常运作。

相对而言，正如前面所说，台湾则是个开拓的社会。虽然从开拓到今天，也已经有了四百年，前面开拓的三百年的过程，曾因被日本占据而中断。1949 年以后，又有大批移民进入台湾。四百年来，台湾始终是在发展过程中的一个不稳定的社会。四百年间，由于政权的转换和改变，始终没有持续孕育和培养社会的文化精英阶层。一切秩序和对付未知意外的机制，都成为百姓恐惧不安的因素。一方面，台湾的百姓必须要掌握手上能聚集族群的条件，譬如带来原乡保护神的祀奉，以保持族群的团结；又譬如对于种种意外的预防，对于各种意外死亡者的哀悼和恐惧，都只能借神明的崇拜获得依靠和安慰。另一方面，开拓者可能常常是单身来台，他们没有真正可以依靠的家庭和族群；在遭逢困难时，他们除了烧香别无他途。他们求祷庇护的对象，也往往是特定的：疾病时向医神祈祷，生育时向生育之神祈祷，婚姻向婚姻之神祈祷……

龙山寺反映的现象可知，每个信徒都有特定的目标，需要进庙求得神佑。寺庙之内可以提供各种不同功能让信徒选择，到自己需要的神明座前祈求护佑。既然来了一趟，各处都走走，不要遗漏掉任何一位可能的保护者。也正因此，龙山寺等于是一个神明的集中地，进了庙门几乎无事不能办。信众在祈祷、供奉以外，也会求签、卜卦，请庙中的执事帮他们解答疑问，使他们能够趋吉避凶。台湾的现象，反映的是还没有完全稳定的社会，种种的改变都在开拓之中逐步进行，开拓工作既是集体的也是个人的，这就和无锡的社区共同体的集体认同有极大的区别。

上面谈到台湾妈祖庙的绕境范围，几个乡镇小圈圈聚集为一个主庙笼罩的大圈圈，又聚集为同一信仰的信仰圈。这种社群扩大为社区，社区扩大为地域，正是开拓社会的特点：先求扩张，然后求整合，才能够有一个完整运作的社会。南瑶宫和镇澜宫的例子，显示了一个大祭祀圈涵盖的范围，超过行政区划的乡、镇、县、区。从区位学的观念来看，这两大祭祀圈涵盖的地区，其内部各地区有分工互补的功能：有海港、铁路转运中心、公路网，有城市、镇集和乡村。在这一个圈子之内，工农商渔各种行业的资源，就在本区之内交流，几乎已可满足日常的需求。这一个大祭祀圈的治安，有各庙宇的信众作为基础，有各庙宇的核心管理人员作为中心，当然还有地方各行各业的领导者作为中坚——这个三层结构，已经可以将这个大区域整合为一。许多福利工作，也可以在这个大圈之内聚集众人的劳力、物力来完成。台湾在关帝信仰名下的医院称为“恩主公医院”，就是这种例证。各处妈祖庙和其他庙宇，在大灾大难时，常可集合众人的力量提供援助；在地方公益方面，他们也会集体地参与其事。自从台湾民主化以后，这些大小祭祀圈也成为政治人物寻求草根支持的重要网络，例如镇澜宫的总理（现称“董事长”）便是地方上的重要人物，如果有心，他几乎一定会当选为“立法委员”，他们的执事也通常会当选当地的“县市议员”。

从这些角度来看，我们才能够理解，台湾的都市化虽然已经逐渐跨越单一都市限制的条件，捷运、高铁已经将全台湾拴在一起。可是这些祭祀圈才是具体落实的家乡，一般常民生活起居、寄身托命的地方。在台湾的都市化还没有发展到美国的规模和程度时，这种祭祀圈界定的地方社会，可能是中国文化涵盖区中少数还能发挥其功能的社会现象。美国的社会，地方区划已经模糊了，一般的市民基本上是个别零落的个人，存在无所寄托，心情孤单寂寞，生活也是无可依靠的。对于台湾目前还存在的现象，我们只能以将近黄昏的心情欣赏无限的夕阳。

将无锡和台湾的社会所做的上述比较，都属于过去的了。

现在的大陆正在由官方推动都市化，台湾的都市化则是从台湾工商业发展后顺潮而起的现象。这两者，都可能将中国文化的社会引往美国式的都市大社会。上面的感慨，促使我们思考：在地方社会还没有隐入历史前，如何转型才能使得中国移植了欧美式大都会后，其中芸芸众生还有一个可以安家落户的地方社区？还有一个孩子们可以无所顾忌，在街上玩耍的地方？还有一个邻里乡长互相救助、互相慰藉的地方？这些问题，我想值得我们大家共同思考，共同规划。

总结本章，如果以圣和俗为区分，中国人的民间信仰系统，毋宁是以圣从俗：神明的系统，实际上就是政权管理的系统，一样有套分工的制度。一般宗教超越的理念，在中国的民间信仰中也被还原于日常行为的模式，甚至报应、轮回等观念，在民间信仰之中可能只是一个潜台词，并非核心关怀。人和神之间的交流，基本上与人间的交易一样：有承诺，也有还愿；有祈求，也有报酬。于是，一般宗教中神圣超越世俗的现象，在民间信仰之中并不显著。在本章中，以无锡和台湾两处民间信仰的庙会和出巡作为例子比较，我们可以看见，这些信仰系统与社区的整合和营造密切相关。同时，社区之内的共同生活体发挥了许多功能，在一般的建制宗教之中，信仰关注生活的程度反而不如这种庙会深广。民间信仰涵盖的社区现象，真可以作为比较者，可能是前现代的欧美基督教会和天主教会对于社区而言是一个中心的团结力量。在近现代中国的佛教、道教，很难具体组合台湾和无锡民间庙会如此深广的祭祀圈，如此具体的世俗性。下一章，我们将要讨论中国的建制宗教，其中还是有些地方和本章互相呼应。

第八章

世俗化的宗教

杨庆堃先生讨论中国人的宗教时，曾将建制性的宗教放在一边。我们在前面讨论民俗信仰，也是遵循同样的原则，没有触及中国传统的佛、道二教。其实在这一方面，中国近代百年来，也未尝没有值得注意的现象：建制性宗教的世俗化。人生在世，忧愁烦恼、苦多乐少，不得已时寻求解脱，大概不外两条出路：或者设想一片安乐世界，其中不再有人间苦厄；或者返躬自省、萃励性情，自求安顿。前者是寄托于外，后者是修己于内。中国儒家比较注意后者，但也希望修己而后安人，建设一个比较像样的世界。儒家入世而淑世，到底是哲学。其他途径，在中国文化圈内，则是以佛、道二家为主流的各种教派。

先秦时代，中国实际上也有类似建制性宗教的团体。战国时期的墨家，其道德理念的部分应当是儒家的血脉之一。然而，墨家本身有“天”的信仰，有“鬼”的认知，也有教主“巨子”，有纪律也有组织。在墨家谈“明鬼”的时候，其实涵盖的不只是死灵，也包含一切神奇力量，只是墨家并没有在这方面更多地发挥。于是，我们所见的“明鬼”部分，似乎只谈到死者的现身，我们也不清楚究竟这些现身是果报，还是厉鬼的威胁？墨家在汉代的学术分类，是列入道家者流。因此，虽然墨家在汉代已经逐渐消失，其经典也在后世才从道藏之中重新被发掘出来。墨家的出现和消失，只能说是中国本土建制性宗教还未成形就夭折中断。

中国文化圈，包括中国、日本、朝鲜和越南，到底还是以儒家作为最主要的思想系统，所以无论佛、道如何兴盛，儒家的主流位置仍旧无可否认。儒家本身不是一个宗教，却也有深刻的宗教情绪：慎终追远、崇功报德，都是一种细密的情感。我们单以文天祥的《正气歌》为例，他对于那些历史上的楷模人物，都视为正气之所钟：“天地有正气，杂然赋流形，在地为河岳，在天为日星。”正气之在人间，就是他列举的那些忠义节烈之士：他们将生命寄托于正气，为了持守正气，可以牺牲生命而不惜。这就是一个宗教情怀！宇宙中具体存在可见的事物，如山岳和人的身体都只是一个载体，只有正气所代表的宇宙精神才是永恒和真实。如此面貌之下的儒家，虽然没有宗教之名，实际上也具有宗教之实。于是，儒、道、佛三家如何相处，是中国文化圈内处处会碰到的问题。

汉代出现的《太平经》,无疑是道教教义的源泉之一。《太平经》中最突出的成分，一是均平的观念，财富、地位、名声等都会妨害人类社会之中应有的“均平”；二是个人德性的内修和提升，以期达到一定的品格。这两者基本上也可看作道教徒们在寻求一个美满的世界，同时也努力完善自己在这美满世界应有的品格。《太平经》究竟来源如何，到现在还不易得出结论。我以为，汉代的儒家既有《礼运 · 大同篇》描述的大同世界，而且这大同之世必须经过小康之世的阶段，本身就是三阶段的发展。不过，《礼记》所描述的大同之世是寄托于古代的王者，不在未来的新世界。同时，汉代儒家更有天人感应这一套宇宙系统，将超越的神力和人自己的行为联系为互相呼应的体制。儒家最基本的理念当然是发端于孔子时代，特别表彰人需要经过反省、自修，培养一个高尚的人格。这些特点，与《太平经》提出的一些观念也相当符合。只是如何从一个自然崇拜与祖灵崇拜相配合的儒家超越系统，转变为一个建制性的宗教？是否不需要外来刺激，就能逐渐完成？我们无法判断。

佛教进入中国，如果真是以东汉为开始，我们只能说佛教的经典和传道人进入中国的情形已见诸记录。他们带进来的零碎经典，在儒家和《太平经》铺设的舞台上，已经存在有利于发展的土壤，佛教才能在中国逐渐发展成为建制性的大型宗教，而且连绵两千年，具有强大的生命力。

佛教初到时，那些零碎经典被拼凑为所谓《四十二章经》，其实缺乏有系统的主要经典。初期的传道人大多来自中亚西域，那里的佛教已经承受启示信仰的刺激（关于这一部分，下面还有交代），转变成为大乘佛教，与印度本土的原始佛教已有相当的差别。佛教的名词本来是以梵文讨论，那是印欧语系的文字，与中国汉藏语系的汉文颇有差异。于是，很多名词以及文句传译成汉语时，借用了中国原有的儒家、道家的一些名词，这就是所谓“格义”，其中不免有勉强迁就之处。这一缺陷，要到唐代大量的佛教经典进入中国，才得到纠正。南北朝的五胡十六国，有些胡人君主认为在中亚、西域传进来的佛教，与他们自己的族群来源比较密切，因此他们成为佛教的护法。其中，姚秦支持的鸠摩罗什翻译了一些重要的经典，不少至今还被佛教使用。

唐代的玄奘西行求经，带回来大量的经典。他在大慈恩寺毕其一生精力，翻译佛经、传授弟子。他带回来的梵文佛经被直接译成汉文，与鸠摩罗什等人翻译的早期经典颇有出入。玄奘翻译的印度文献，其中其实还包括许多印度文化本身的哲学、美学甚至文学作品，并不完全是佛教的宗教文献。这些文本对于介绍印度文化进入中国，具有极大意义（可惜，由于佛教经典的掩盖，中国学者并没有努力发掘佛教以外的印度文化）。唐代翻译的大量经典，由于在不同的时期，对于原始佛教的阐释也有不同的意义和重点。如果有些僧侣根据某些经典作为中心，建构一套他们对印度佛教的解释，那就成为一个宗派。唐、宋之间佛教最盛的时候，有十余个大宗派。宗派林立，当然反映佛教的兴旺，却也不免使得佛教呈现出深厚的学术性，减少了对广大信众传达教义的功能。

当时的宗派，计有律宗、成实宗、俱舍宗、三论宗、涅槃宗、地论宗、禅宗、摄论宗、天台宗、净宗（净土宗）、唯识宗、华严宗、密宗这十三宗派。这十三宗中，涅槃宗归入天台宗，地论宗归入华严宗，摄论宗归入唯识宗。流传迄今者，只有十宗。后来科判这十宗中的俱舍宗、成实宗列属小乘经典。因此中土大乘宗派中，有影响的、现今仍流行的是八大宗派：三论宗、天台宗、华严宗、唯识宗、律宗、禅宗、净土宗、密宗。各大宗派的特点，通常以两句话简括说明："密富禅贫方便净，唯识耐烦嘉祥空。传统华严修身律，义理组织天台宗。"（各宗名称，所谓"嘉祥"乃指三论宗，因其中心曾在嘉祥寺，余者不须解释，一望而知。）

在中国的大乘八宗之中，唯识建构唯心论的宇宙观，三论从事哲学论证的思辨，华严及天台可以并列为哲学中的美学理论，真言也是接近此道，律宗注重戒律与规范——这是任何建制宗教必须具备的基础，按理讲诸宗均不能没有教律，禅宗则着重于个人悟觉，直观佛法精要。太虚大师说："中国佛教的特质在禅。"诸宗也不能脱离这些基本精神。

晚唐开始，净土宗的信众增加，其他诸宗逐渐成为高深佛学的研究者，而对于一般信众，存在深奥难解的困难。禅宗虽然号称是从东晋就传入中国，但从其本身的特色看来，

孔望山摩崖佛教造像。据俞伟超、信立祥等学者的调查报告和研究，江苏连云港的孔望山摩崖造像群约雕凿于东汉末年（桓帝、灵帝时期），除世俗的宴饮、杂技等题材，也较多呈现汉代佛教和道教的状况。照片引自《连云港孔望山》，文物出版社，2010 年。

这一宗派毋宁是在中国自己发展，我以为颇受孟子“顿悟”方式的影响。禅宗强调不着文字，直达“真如”。这种思考方式，与印欧文字的辩证很不相同。唐代中期，禅宗分为南北，北派比较偏于文字方面的说明和研讨，六祖慧能开始特别强调不识字的人也可以理解佛教经义。自此以后，净土与禅宗两派，浸然成为中国民间佛教的主流。至于近代中国佛教的发展，下文再予论述。

中国民间本来就有建制性宗教可以出现的条件：教团组织、崇拜的仪式、专业的教士和固定的信众。佛教传入中国，还刺激了道教的发展。从考古学上的一些线索可知，佛教进入中国的路径，河西的丝绸之路是其中一条；南方从印度经过中国西南河流纵谷，即所谓的“西南丝绸之路”，这是一条传播途径；在江苏连云港地区，孔望山的佛教遗迹显示，经由海道进入中国也未尝不是佛教传入的第三条途径。在道教本身发展历史上，恰好四川一地拥有许多早期道教的遗迹，最显著者是汉中的五斗米道，显然是道教的天师一派的重要源头。从汉代后的魏晋南北朝开始，在四川一地道教的人物为数不少，更有可能是因为西南中国的原居族群本来就有相当发达的巫觋传统，提供了道教发展的本土条件。

东汉晚年黄巾崛起，青州、徐州一带是黄巾军活动的重要地区。公元一世纪，汉明帝（59—78 年在位）之弟楚王英信奉佛教，就因为敬礼“浮屠”和交结方士，造作谶纬意图反叛，而被贬自杀。三国时的丹阳人笮融，从属徐州牧陶谦，据有下邳。他建造的佛寺可容三千余人，经常浴佛设酒饭，招引信徒。曹操攻取徐州后，笮融领男女数万人、马三千匹逃到广陵。这两位佛教信徒相隔百年，从他们的事迹可以看出，佛教在青徐一带扩张的规模可谓迅速。黄巾运动，与天师道密不可分。上述佛教的开展，当与道教的成长有相应的关系。

简言之，从这些蛛丝马迹看来，道教发展的西南与东海岸两大地区，正与佛教传入的两条途径有相当程度的吻合。可以说,佛道在中国发展,几乎如同双胎弟兄同步进行。当然，凡此都是推测之词，真要落实考证还不容易，也许有一天考古学资料会提供一些可用的证据。

道教的发展，一开始就有五斗米道组织了一个他们心目中的安乐土，在社区共同体之内互助互补：经济上互通，有大家共有的公库济助贫穷，也有地方的医药设施和组织以救治疾病。东方的黄巾军所秉持的教义，可能来自《太平经》的平均主义，以及对“三官”（天神、地神、水神）的信仰，二者互相配合又生成一种乌托邦的信仰。在这一层面，正如前面所说，人类宗教的情绪本来就盼望一个平等而又互助的组织。道教的起家，在理念方面借重了道家的思想；在道术方面，却是从原始“玄教”（巫觋信仰与自然崇拜）发展为术数——从这基础上，又发展出了“符箓”，这是一套禳灾祈福、驭使鬼神的道术。魏晋开始，民间的医术与呼吸吐纳的养生之道结合为一，构成了“丹鼎派”的道教：用药物成外丹，以内修炼内丹。符箓、丹鼎二派，遂成为道家的仪式和道术的两个特色。唐代皇室姓李，道教因此成为国教；到了宋代，尤其北宋后半段的君主信仰道教，于是唐、宋两代丹鼎、符箓之学非常盛行。符箓道术延续不断，明代宫廷还曾希望经过符箓求取长生。南方的正一派，也就是后来江西龙虎山张天师的一派道教，由于得到上层的支持，长期成为道教的主流，甚至于称张天师为道教世袭的教主。

金、元占领北方，在汉人的土地上已经没有汉人的统治者。河北新道教却转向民间，"全真派"和"真大派"等在河北、山东一带发展，在民间建立了相当程度的自治社区，对内维持治安，对外与异族的统治者建立互相尊重的关系。全真派的丘处机，就曾经被蒙古皇室远道接往西土，至中亚备大汗顾问；丘处机的建议，则是力劝蒙古大汗戒除杀戮。今天许多读者，从金庸的小说知道了全真派的名字，可是大家只以为全真派是以武术为主。我曾经在河北真定一带由考古学家陪同参观各处遗址，在这一带，我们也见到了许多金、元时代河北新道教的遗迹和寺观、碑文。这些记载显示当时全真派的活动，在教育、医药、卫生、水利、交通各方面的种种建树，也致力维持当地的治安，尽力折冲与调和官民关系，使老百姓有比较和平、安定的生活。这些工作，毋宁是在尘世间尽力建设一个接近理想的社会。

从汉代开始，儒、佛、道三大系统，可谓中国人的主要信仰。此外，中国文化也不断接受其他外来影响。最主

邱祖像，位于太原龙山石窟玄门列祖洞。龙山石窟是我国现存规模较大的一处道教石窟群，开凿于金元之际，而山西既是较早纳入蒙古控制的地区，也是全真道得到较大发展的地区，所以龙山石窟造像较多体现了全真一派的特色。照片引自常盘大定、关野贞《支那文化史迹》第1辑，法藏馆，1941年。

山西太原虞弘墓石棺浮雕刻祆教神像。虞弘为北朝末隋初时人，北周时任管理信仰祆教人群的“检校萨保府”一职。他在北朝也曾多次代表朝廷出使西域波斯等地，与这些地区的居民有频繁的接触，故其墓葬带有较浓厚的祆教色彩。石棺为汉白玉制成，现藏山西省考古研究所。

要的一项，是流行于中东和中亚的一些信仰。我认为，无论是基督教东传一派即中国所谓的“景教”（Nestorian Christian），还是伊斯兰教兴起以前在中东曾经盛行的启示性教派，又或者在北印度巴基斯坦一带兴起而盛行于中亚的大乘佛教，其最早的根源是波斯文化系统内的祆教及其衍生的摩尼教。

当时的中亚、西亚，普遍存在从古波斯祆教留下的，主张度过劫难后由救主启示新天新地的启示性宗教。古代波斯的宇宙观是明暗两分，他们认为人类的命运分三个阶段：从明暗不太明朗，到明暗之间斗争，到第三阶段光明克服了黑暗，那是一个新的天地。在这个新阶段，人类得到了永恒的幸福。神恩“承诺”的观念，由波斯辐射往南影响到犹太教、基督教，以及后世伊斯兰教，都有对于新世界永生的盼望。这一个理想可能与印度的佛教结合，将原始佛教自己超越自己的“自度”，发展为“度人”，使将来的人类有一个指望，可以永远脱离人生种种苦厄。在中亚西域一带，从秦汉到隋唐，中国曾多次出现这一类启示性宗派。祆教的第一个神是阿胡拉·马兹达（Ahura Mazda），而在末劫之世，启示性的救主则是密特拉（Mithra）。密特拉的名字在不同的宗派有不同的拼写，但是似乎万变不离其宗，发音基本类似。因此，季羡林认为，阿弥陀佛与弥勒佛（Maitreya）也是“密特拉”。祆教传播到印度后，在印度的佛教之中才分别发展为拯救世界的西方净土佛和三劫之后的未来佛。

在中国的民间尤其底层，儒家的权威性比较淡薄，凡此救赎的承诺，提供了一般底层民众的寄托所在。从上述汉代的《太平经》到黄巾的信仰，以至于后来经过天师道，一部分转化为道教，另一部分又接纳了摩尼教（波斯明教），转化为北宋方腊“吃菜事魔”的信仰等，到最后成为元代始盛的白莲教。这一个寄生于民间底层的信仰，其实从来没有中断，只是在各时代以不同的名称出现。这些底层的教派，虽然是只盼望新天新地降于人间的救赎信仰，但他们许多地方也还接纳和融合佛教或者道教的一些教义，构成了跨宗教的多元民间教派。在接受佛教的部分，弥勒信仰本来就是佛教与西域救赎信仰结合的产物；弥勒佛是释迦以后的未来佛，“龙华三会”以后，所有的人民都得到了救度，从此是永恒的平安。弥勒教派与上述白莲教等经常揭竿起事，在宋、明时代多次发动反政府的民间抗争。这些民间教派实际上是混合的信仰，也纳入了许多民间传说甚至文学作品中的素材，在中国民间延续不断。在元末，它们从白莲教的运动转变为明教，又转变为朱元璋领导的农民起义，建立了明朝政权。在清代，乾嘉之时，白莲教的活动开始蔓延于中原、湖广。在清末，白莲教等教派则以义和团的名义又一次出现，在辨析其源流时造成了极大的混乱。凡此民间的民俗教派，可说是佛、道两家的救赎观念，与中亚进入中国的外来救赎教派的合流。

与弥勒信仰相似而又不同的阿弥陀佛信仰，则不将理想的世界放在未来，而是放在死亡以后的另外一个世界。这个信仰的理论认为，阿弥陀佛是如来佛以前的一个佛，他庇佑人生，在人死亡后接引其灵魂进入西方净土。在这里，一片平静安宁的净土，是与俗世的秽土相对的另外一个宇宙；在这里，信佛而又没有恶行的灵魂，不必再经过轮回；因此，在这里不会再面临苦厄，当然也就不必再等候弥勒信仰所主张三次劫波以后的最后一世。

从阿弥陀佛信仰，又延伸为观音信仰。观音本来是阿弥陀佛的一个胁侍菩萨，也就是阿弥陀佛的主要助手。在印度经典中，观音菩萨本是男性，但由于进入中国以后其功能是慈悲的救主，所以逐渐转化为母亲的形象，成为女性菩萨。在印度经典中，观音有三十三身，也就是各种不同的形象，其中确实也包括几个女子形象。但在中国的观音信仰中，观音却是以母亲的形态出现，安慰和救济种种受苦、受难的灵魂。

第三波的发展，则是同在阿弥陀佛身旁的地藏菩萨。在本来的意义上，“地”是广大如地，“藏”是深厚如藏。可是“地”“藏”合在一起时，汉传佛教却将他解释成为地下世界的救主，也就是地狱的救赎者。地藏菩萨曾经发愿：“地狱不空，誓不成佛。”（菩萨是佛之下一阶的神明，他不愿在功德未满以前升等为佛，这一誓愿也可解释观音为何始终是菩萨而不是佛，反映了同样的理念）阿弥陀佛信仰的三个阶层，与弥勒信仰对比都是属于个人层面，皆无意愿在群体的层面寻求一个新的世界。这一选择竟使观音与地藏信仰成为民间最普遍的信仰，也代替了弥勒信仰成为佛教之中很重要的一种信仰。

道教的理想世界不在世外却在人间，道教丹鼎派的修行也是个人层面的。外丹是借重药物，寻求精神与肉体的长久存在，也就是长生。这一派的方法，本来是从炼金术演变而来，后来与中医的养生理论相配合，成为借用药物保持健康和延长生命的方法。内丹一派，则是希望使人身体之内的阴阳因素，在自己肉身内重新结合，成为一个精神的本体；这个精神本体，不受肉体新陈代谢乃至死亡的限制，这精神的自我超越肉体——“元神”圆满之时，即可以脱离不能持久的肉体永远存在，这就是长生的境界。道教之中，地行仙及白日飞升，都是形容元神终于脱开了肉体，成为不朽的自我。道教之中的八仙，都是号称长生不老、永远存在的仙人，这八位人物包括男、女、贵、贱，不同行业、不同身份的人都有，也有不同的形象，其实意在说明，世界任何人都可以达到不朽的神仙境界。

道教的理想世界，成为道教经典中列举的三十六洞天、七十二福地，其中一大半都是道观所在，或是道教宗派的基地。这些地点通常在山野深处，甚至想象中放在海上的未知之处。陶渊明笔下的桃花源，一些学者认为，其实就是道教思想之中一个理想的福地，要经过一个洞穴，才能到达这个不受外界干扰的和平安静的社会。核对历史，道家的天师道就组织了一个互相济助、平等互利的福利社会。道教的道观如上所说，很多是在山野深处，例如青城山、武当山、龙虎山，到了近代还是著名的道教圣地。道教的道士们可以婚嫁成家，与一般人无异。一个道观，往往就是几个家庭的集合组织；一座山的道观，彼此间也是有无相通、互相济助，成为自助的小社区。我自己见过，北京的白云观正在做修复的工作，观中大小男女几乎都参与修复各方面的任务，后院的住家之处，男女小道童也正在接受他们的母姊兄长的教导，识字、读经。抗战时期，我曾在湖北居住，荆、襄之间许多城镇，几乎都有武当山道观的分支，称为下院。它们在当地是地方的活动中心，在日本军队侵犯湖北时，农村中的民团曾协助国军抵抗日寇，这些民团之中最常见的人物便是武当山的道爷们。他们传授武艺、指挥作战，是抗战期间的无名英雄。因此，道教对理想世界的选择是属于人间的，在这一方面，道教的理想与儒家的淑世观念其实相当吻合。

于是，在中国的民间，或者更恰当地说，有些处于文化精英层次的人物，一只脚踩在儒家，一只脚踩在民间，他们就会尝试如何整合这些不同的信仰为一个系统。福建的林兆恩开创了夏教，就是提倡三教合一：将儒、道、佛糅合为一个信仰。夏教维持的时间不长，而且具有相当的地域性，但后来在各处发展的类似运动，却几乎都具有夏教的影子。夏教代表的三教合一的观念，在许多比较通达的读书人之中并不罕见，这些读书人也因此完全可以接受家中其他成员选择的佛、道信仰。民国时代，曾经一度有人发起组织“孔教”，这个努力并没有成功。然而有所谓“红卍字会”，就是三教合一的组织，它总部设在济南，创会的一群人士，无论男女都平等地参加发展和管理的工作。从民国初期至抗战以前，红卍字会的发展十分迅速。那时东北已经沦陷了，红卍字会在东北伪满政权之下一样非常蓬勃。在我家乡无锡的红卍字会之下，还有许多念佛会，也有所谓的“斋堂”——前者是许多家庭妇女尤其是女性长者经常聚会的场合，后者则是老年无依无靠的信众，若干人组织为一个共同生活的单位。这些组织中，念佛的部分是属于净土宗的高宣佛号，静坐的部分则与佛教的禅宗和道教的打坐并无区别。红卍字会并无神职人员，祭神在道观，拜佛在佛寺，敬拜祖宗则在自己家中和祖祠之内。我的祖母就是无锡红卍字会相当活跃的一个人，在她的卧室后面另辟一个小小院落，是她的佛堂，其中有儒、道、佛的主要神像：至圣先师、观音和老子。他们在念佛会宣讲的主要文献是《太上感应篇》，宣扬善有善报、恶有恶报的现象。这群老妇人是地方慈善事业的主流，济贫冬赈、救济孤儿寡妇等，都是他们一年四季按时推动的工作。

民间方面，一个明代军人组织的罗教，最初是在漕运路线上的船户、民工、护运军人之中发展，后来则广泛地传播于黄河、长江、淮河以至东南沿海。他们称教主为“罗祖”，在各处水陆码头常有罗祖庵，老年无家的人士，颇有人以罗祖庵为安身之所终其余年。

罗教结合了佛教禅宗和道教中的许多教义及传统。罗教从禅宗中吸收了“心造一切”的概念，认为人的苦难是由于心欲造成，因此罗教追求无为、弃欲，以达到最高的内心状态。罗教在一开始的时候，就自称为禅宗的一支。同时，罗教还从道教吸收了“道玄”这个概念，来解释世界的形成，认为世界是从真空家乡中形成的，并演化为世界万物。因此，外部世界不是禅宗的教义中那样从内心产生的，而是事实存在的。

佛教方面，上述八大宗派，到了近代只有净土和禅宗最盛。前面已经说过，是因为其他宗派的学术要求较多。净土的归依者注重其信佛之诚，以宣念佛号为其持信的功夫。禅宗则是以“直指真如”的顿悟为入门功夫，不着文字而注重敏锐的悟性。禅宗的“机锋”,借重当时的一事一物触发灵性、开悟佛理，也就不太重视经典的研读和阐释。对于一般信众而言，禅宗一路也是方便法门。

晚唐以下的中国佛教，禅宗特盛，继而禅净合一。到了近代，佛教界群贤辈出：禅宗出了寄禅及虚云，净土宗出了印光，律宗出了弘一，天台出了谛闲，华严出了丹霞，唯识出了欧阳竟无。儒家学者在近代颇有人采撷佛教思想，以组织其近代中国哲学体系，例如：熊十力先生借重唯识论援佛入儒，成为新儒家的重要部分；方东美先生将华严的宇宙观与他的美学理论糅合为一，构成了中国近代哲学中极堪重视的唯心论哲学。凡此现象，大致由于西方传来的现代文化，激发传统文化的精英必须努力检讨和重建自己的传统。

综合言之，自从佛教进入中国以后，佛、道二教并驾齐驱,互相刺激也互相补助,构成了两大信仰系统。在唐代以前，两大宗教可以说都在建构系统的时期，从无到有、从浅到深；到了唐宋之间，它们就已是中国建制性宗教的两大主流。无论佛、道，也已分歧为许多宗派，凡此宗派最初无不以教义的差异分别发挥其特有的重点，例如佛家的唯识宗、华严宗，都是从教义深刻的讨论开宗定义。道家亦复如此，有内修、外修、丹鼎、符箓各种教派。唐宋尤其宋代以后，佛教是以净土和禅宗为主流，道教是以北方的新道教之一全真派和南方龙虎山正一派的系统作为主流。这一阶段，佛、道的教派都逐渐倾向于民间，也更倾向于个人的坚信，认为信仰比教义的探讨更为重要。这种发展，就逐渐将建制性的宗教引导走向民间。

二十世纪中叶，在大陆上，一部分宗教活动为政府取缔。尤其经过建国之初的打击“反动会、道、门”运动，民间宗教活动几乎一扫而空。佛、道二家的建制性宗教，也只剩下一些由政府纳入管理系统的主要寺观和教派。我对大陆上宗教活动的发展状况并不熟悉，在这方面没有发言的能力。我所观察现代中国宗教的发展，主要在于台湾的现象。

清末民初之际，有鉴于佛教的衰微，虚云大师以一身修习禅宗五大支派，承前启后，融会了五宗禅修法门，为近代禅宗宗师。对于台湾光复后的佛教，他的贡献甚有启发之功。

更须注意者，是台湾佛教转向人间。诚如上述，凡此趋向是从民国早期太虚法师的“人生佛教”开始。抗战以后，印顺法师将太虚法师的人生佛教解释为把重鬼重死的中国佛教，也就是佛教的轮回果报观念，转变到中国式的现实人间。印顺法师的“人间佛教”，引用《阿含经》的话，就是：“诸佛世尊皆出人间，非由天而得也。”印顺深信：以人类为本的佛法，要知道净土所来，实行发愿庄严净土，那就是作为众生一环的“人”，必须试着去和佛、菩萨共同在“人间”创造新的净土，而不是“往生”到他方的世界去逃避现实世界的浊恶。

六十年来，台湾至少有四家重要的佛教团体。一家是在台中的中台禅寺，由刚故去的惟觉老和尚建立。他的想法是，所谓“教理以定知见，福德以为资粮，禅定以明心性”，以成就“内证无上解脱之道，外行弘法利生”之大业。他对僧众的训练，根据佛教律宗的要求形成中台四箴行——对上以敬、对下以慈、待人以和、处事以真。中台禅寺对于僧众的管理，则严格地依照禅宗传统的“百丈清规”：“一日不作，一日不食。”所有的比丘或比丘尼，都有大概半天时间用于工作，或者在菜园、葡萄园照顾作物，或者在糕饼房烘培糕饼，或者在缝衣间缝制衣裳。这些产品除了供应本寺众用，也供应中台禅寺办理的中小学学生的日常饮食。中台禅寺的主要建筑是由台湾著名建筑师李祖原设计，宏伟壮观。其建筑可以称道者，是从最底层的大雄宝殿，一直到第五层最高的佛殿，每上一层装饰愈趋向简朴，最上一层只有一尊白玉如来佛像。这一方式，据说是象征返朴归真的佛法，从俗世一步一步提升，提升到最后只有纯洁的佛法。

另一家则是台北金山的法鼓山农禅寺，由圣严法师创办。圣严不是印顺的直接徒弟，然而深受印顺的影响——他自己在日本念佛学的论文，就是将印顺的中国禅宗史翻译成日文。农禅寺的名称当然很清楚地表明，这一家寺庙是以禅宗为主体。圣严提出“心灵六伦”，即家庭、生活、校园、自然、职场、族群这六个伦理。他认为每个人在六伦所涵盖的圈子之内，对待多元系统中的角色，都要秉持守份、尽责、奉献的观念，也要尊重、关心他人，以创造一个和谐幸福的社会。从这些要求我们可以看见，他的六伦其实就是从儒家忠恕观念引申出来的一套做人原则。看上去，儒家入世的成分比佛教出世的成分还多一点。农禅寺虽然号称是禅宗的寺庙，其实他训练僧众的方式，却是净土和禅宗并重，由学习者自行选择偏重的方向。法鼓山也是一个学院，大概一半是内学院，训练僧众；另外一半则是一般的大学教育，不过目前，它的大学部分还没完全发展成形，课程不多，学生也有限；内学院方面却是他们工作的重点。法鼓山学院的校舍是由建筑师姚仁喜设计的，最引人注目者，是在一个相当朴素的木建筑前面，有一个很大的方池，四周都是田野。这一个方池的意义，象征着镜花水月，也就是说，世界的一切现象其实都是虚幻的影子而已。农禅寺主建筑的四周，刻着金刚经的一些警句，例如“无所住，而用其心”，还有《心经》上的话如“五蕴皆空”“色即是空，空即是色”等名句。这些经典名句，当然是净土宗的传统，又是佛法出世的部分了。

印顺自己有个徒弟是比丘尼证严，她领导开创了“慈济”的活动。证严其实并没有真正从印顺学习佛法，可是印顺带她入门，先替她剃度，然后送到别的禅寺接受“具足戒”。证严发愿奉献于布施的工作，倒是真受印顺的吩咐。她的慈济组织有一个大学，只有一部分是训练比丘尼，大部分还是对社会开放的一般大学教育。这个组织内有七八家医院，分布在台湾各地。她也经常募款作为救济基金，在各处救难、济贫。这个组织相当企业化，中央部分分科办事，有各种管理部分和执行部分。总的方向，则由信众自己组织募款的活动，一级一级从小组到支部；有些信众加入组织后，定期贡献作为慈济的活动基金。据说全世界已经有八百万人参加这个组织，假如每个人无论大额、小额捐款，固定捐入慈济，规模就相当庞大。慈济的例子，反映印顺入世的人间佛教理想的布施部分。至于佛法的训练和传授，则有证严的所谓“静思语”，这些格言式的短语，审查其内容，也是中国文化传统中常见的规劝和鼓励的语句，并不特别属于佛教而已。

还有一位星云法师，这位大和尚组织的佛光山佛教团体，是台湾最大的一个佛教组织。佛光山在台湾有高雄和宜兰两个基地，在台北市还有好几处道场，海外开拓的有美国、澳洲、马来等处。他还在大陆的无锡马山和中国佛教领袖赵朴初居士合作，树立了一尊大佛；大佛下面是规模宏大的佛殿，这是世界佛教组织的总部。星云主持的内学院，是在宜兰和南华大学一起开办，高雄的佛光山也有一个训练僧徒的学校。他各处道场都有年轻的比丘和比丘尼，一边学习、一边工作。他的宗旨是在教育和传布佛教。他的格言很简单："做好人、存好心、说好话。"其人间化，可想而知。他对徒众的要求，只是一般的禅宗训练，教导他们念经、坐禅，但是要更多从实际生活中体会服务人间的精神。在他的道场中，普遍可以感受的气氛，则是活泼而和气，自由自在而不失规矩。佛光山的气氛和中台禅寺的气氛确实完全不同。

这四家佛教团体之外，还有华梵、玄奘两家佛教大学，二者都兼顾僧众的训练和一般大学教育。二者规模都不算大，影响也比较小。要论他们的教派，也是禅净不分。这六个佛教团体拥有的徒众，假如不算慈济八百万的捐款人数字，他们的总数大概也有两三百万之众，占了台湾至少十分之一的人口。而他们的影响力处处可见，尤其是教育和医疗方面，虽然不是著名的学术性大学，却也是大家知道的学府。这些人间佛教的团体，对台湾一般的生活气氛可以说有相当的影响。假如没有这些团体的活动，台湾民间的宗教信仰趋向，将只限于上一章的民俗信仰，现实而具体的供奉祈福而已。经过他们的阐释，实际上将儒家的伦理和佛家的教会合成为民间的文化教育。

台湾的道教，其发展的情况比较局限。一方面则因为有清一代对于道教颇为压制，道教没有机会出现像近代佛教的虚云、太虚那样的人物；另外一方面，从大陆迁移到台湾的道教，是华南、闽粤一带的一支闾山灵宝派，在大陆上也不在主要宗派之内。而在台湾本地，古代南方“玄教”的传统神媒，台湾称为“童乩”，在台湾民俗信仰的庙宇中，已经担任重要的角色，正统的道教几乎没有可以插足之地。虽然情势对道教不利，道教在台湾也还是有一些重要的转变，例如，台北奉祀关公的行天宫已经在宫内革除焚香烧纸的仪式，而用信众的捐款开办医疗诊所和恩主公医院，也开办了一些免费教育的中学或职业学校。在台湾各处的道观，大致是以关公和吕祖作为主要的神明，道士在道观之中，也经由“扶乩”帮助信众解惑。经过这些工作，道士们也努力向信众推广道教的信念，呈现强烈的世俗化现象。

台湾道教中，教内人士致力学术工作者不多。然而颇有研究道教教义的学者，因探索教义而受箓成为道士，例如李丰楙（“中研院”研究员）、施舟人（荷兰人，留台湾研究数十年）。这一现象，也无妨看作道教世俗化的另一面。

我们必须认知，道教不同于佛教，其基本精神是积极的。《阴符经》的“宇宙在乎手，万化生乎身”和《真气还元铭》的“天法象我，我法象天”，都抱持天人一致的观念。人既可能修到与天地同寿的长生不老，也就不必出世；既可以开辟洞天福地，也就不必等候劫难以后的另一世界。因此，道教神仙——例如八仙——可以在人间度化有缘人。神仙度人是救世，当然更可以教导世人，或以静坐、呼吸、导引，或以药饵、饮食，经由修身逐步提升，期盼培养出元神。为了救赎众人于一般的苦厄，又何妨医病、救困？我在抗战期间曾经见过一位青城山的道士，当地人士尊他为“药师”。他一年之内，有七八个月时间凭仗一柄方便铲夜宿深山，白天则四处采药，余下的日子巡游各处偏僻村落，行医施药救助众生。这种作为，就是修行。台湾道教宫观开设医院，推广医药养生之道，其入世精神固然是世俗化，但又何尝不是道教原有理念的具体落实？

最后要讨论的一家民间信仰，则是在台湾颇为普遍的一贯道。这是诸教合一传统的现代支派，据他们的资料可知，其源头是前文提过的罗教。罗教传流各处，与别的民间教派颇有分合。在清末民初，一贯道已经有相当发展：四川、东北、河北等地均有一贯道的支派。1948 年，天津的一支随同其“师母”传入台湾。在台初期，其颇受各方压制。然而，该教在台湾民间依旧逐渐开展，八十年代后期终于合法存在，成为人数众多的教派。现在，一贯道已有人数以百万计的“道亲”。这些道亲分属五六十“支”，彼此各自发展，似乎并没有统一的总部。各支发展各有自己的对象，于是道亲就具有不同的知识水平和受教育程度；教义重点和阅读的经典，也就各有特色。这种弹性，也许正是他们发展迅速的原因。

一贯道的信众，也会彼此扶掖照护。老、病、独居者，附近道亲会有人访问陪伴；孤独的长者也可以捐出财产，进入斋堂尽其余年；信徒死亡，当地道支有全班志工处理殡殓埋葬等一切事务……这是我亲戚家的经验，因此我有直接的认识。

一贯道主张五教合一，儒是执中贯一，修心养性，仁德心；道是抱天守一，修心炼性，善良心；佛是万法归一，明心见性，慈悲心；回是清真返一，坚心定性，恻隐心；耶是默祷亲一，洗心移性，博爱心。《认理归真》简约为："吾人之本性，儒教谓之良心，佛教谓之金刚，又称为菩提心。道教谓之生死之门，又曰谷神，总而言之，即是性理也。"一贯道虽然号为五教合一，实际上还是"三教"为主："行儒门之礼仪，用道教之功夫，守佛家之规戒。"但他们又没有"敲打念唱、画符念咒"的佛、道仪式，而是传统祭拜祖先的场合，端正衣冠，虔诚默念，鞠躬致敬。佛家有如下戒条："不杀生、不偷盗、不邪淫、不食酒肉、不妄语。"一贯道的信徒也吃素，这种观念源自佛教，但也未尝不可能遥接宋代摩尼教徒食素的传统。台湾街上常见素食处，清晨上班以前和夜间人静以后，这些"道场"处所就有一贯道道亲集会，听经礼拜。一贯道是一个诸教混合的教派，教义也是由其他宗教的教义糅合而成。这一过程，颇有曲解其他宗教内涵之处，尤其对于基督教和伊斯兰教，一贯道的解释其实常常与这两个宗教的本质有相当的距离。世界别处也有类似多教合一的信仰，例如从中东发展的大同教（巴哈伊教，Bahai），也不免有同样误解的问题。

一贯道的教义认为，在宇宙开始以前，真空的世界没有生命，“无生父母，真空家乡”，却有许多“原佛子”，后来就是生命的本质。宇宙的最高神被称为“明明上帝”，以日月为符号，不仅是治理宇宙的大神，而且对每个个人的行为有判决之权。人在世间受七情六欲的影响，逐渐丧失本性，于是上帝将世界从开始到末日称为“一元”，一元又分为十二会，一会是一万零八百年。又有青阳、红阳、白阳三期，各期均有劫数。人因其行为，必须历劫荡涤才能转劫，等待最后寂灭的安顿。

不过，现在有些一贯道信众认为，现今白阳的第三期是儒家应运，应从儒家修己以安民的抱负来挽救人心，走向大同。也有些信众预言弥勒再来，应当修道、度人，等候弥勒应运再来。更有些信众将劫难解释为内在心灵的劫难，解除之道就在抱持“清口、清身、清心”的修持功夫，谨敬渡劫，这就更是从启示信仰提升开辟新境界了。

由以上陈述看来，这一教派因其内在教义的弹性，教内并没有定于一尊。这一教派的各支，因其成员的成分各有自己选择阅读的经典，也有他们自己对教义的阐释。一贯道内并没有像天主教神父那样的神职人员，也就无人有权代表神明清除人的业障。个人对自己的行为要负全部的责任，只有自己以修持功夫即以“心”驾驭自己，才可能渡过劫波，终于寂灭。由于支派各有自己的阐释方向，大学校园中的支派，其对于教义的理解，就和教育程度低一些的信众所理解的教义有很大差异。我以为，正因为一贯道还在如此发展的过程之中，颇有提升和改变的空间，其前途竟是不可预言。

综合言之，中国人的宗教信仰，无论佛、道或其混合教派，在近百余年均呈现淑世的趋向，亦即杨庆堃指陈的“世俗化”：从理论的阐述转化为虔敬与实践，由寻求出世的解脱转向入世的救助与扶掖世人。凡此趋向，一方面可能接受儒家修己而后安民的传统理念；另一方面，也与近代世界例如基督教的发展方向相似，由接受神学理论走向注重虔信的教派运动。这一从“神圣”走向“凡俗”，也许是各处类似的历史趋向。

以台湾目前的情况而论，几个宗教系统互相影响、互相学习，大都是走向人间，而且参与许多社会工作。整体而言，对于台湾的整齐风俗颇有裨益。他们的社会工作，也颇能辅助和加强政府或其他社团的工作。而且，从上面所述大概可以瞻见，这些宗教有一些人间化的趋向，大致上减少了许多过去宗教信仰的迷信成分。台湾的社会正在转变之中，城市化的过程使得过去社群、社区聚合个人的功能逐渐淡化，有了这些宗教，个人比较不至迷失于漠不关心的群众，社会不至于有离散的危机。

第九章

共生共存的人际网络

人类是群居的动物，单个的人没有虎豹的爪牙，没有马和羊的奔跑速度，没有大象、犀牛的大体积，也不能上天入水，如果没有集体的组织，人类在这地球上根本没有和其他生物竞争的能力。正因为人类可以合作，才终于主宰了这个地球，奴役了其他的生物。

在世界各地的人类历史，无处没有人类的集体组织：有的是村落，有的是部落，到了近代，则是民族和国家。这些团体，都不如所谓的社区和社群更有凝聚个人的能力。中国几千年来，凝聚个人的群体，大家都以为是亲缘团体和亲缘团体的延伸。相对于雅利安种族（大多数的白种人），中国人的亲缘凝聚力远比其战斗集团更为持久和具有弹性。而且，亲缘组织的根本假定，是从血缘组织的家庭扩大而为不同性质的集体，其生物性的本能更接近自然的共同生活的要求。

亲缘团体最核心的当然是配偶与亲子组织的核心家庭。在许多地区的人类社会中，这种核心家庭无不是最基本的组织。若干核心家庭，如果能够顺着世代的延伸而扩大，同祖父、同曾祖父（或者同祖母、同曾祖母）等群体一代代延长，每一代若干个别的核心家庭，就会结合为一个巨大的族群。几个有亲戚关系的大族群，结合为同一个生活共同体，就可能是部落或者村落。这种现象，在民族学的研究中并不罕见。只是，中国的亲缘组织扩大为类亲缘的共同体，其渊源甚久，又有儒家的伦理作为其合理性的依据，在世界历史上，中国人注重家族的观念，就成为民族学和社会学上几乎独一无二的例证。

费孝通先生在研究中国东南的农村组织时，就将这种大型共同体称为差序格局的人际关系。回顾更为久远的历史背景，商代以前中国各地的新石器文化社会，其组织形态可能就具有以亲族为基本的共同体。但是，我们没有足够的数据去重建这种组织的特性。商代的统治集团称为“子姓”，以王室为中心，显然又有许多分封出去的单位拱卫首都“大邑商”，然而我们并不清楚这种组织的详细内容。西周统一了中原，有计划地规划了封建诸侯，以藩屏周。这一个封建秩序以王室为中心，每一个分封的单位，有的是王室子孙，有的是王室的姻亲——当然，除了王室姬姓，姬姓的老同盟姜姓与姬周同居统治的位置。周代庞大的分封网，其封君不是姬姓，就是姬姓的亲戚。我曾经在《西周史》中说明，君统和宗统二者不能分开：上一层的封君就是大宗，下一层的封君就是大宗分出去的小宗。相对每一阶层，大宗拥有祭祀祖先的权力，小宗的封君必须经过大宗的祭祀才能取得祖先的护佑。于是，政治权力的分配是一个金字塔的形态，许多小金字塔累积成一个大的金字塔，一层一层，其亲疏远近就决定了权力大小。从西周到春秋，大致都是如此格局。当然，春秋时代就是这一个金字塔逐渐崩解的过程；到战国时代，如此的权力金字塔，已经和亲属金字塔脱钩了。

子姓、姬姓、姜姓等这些“姓”，其本来的意义只是源自同一祖先的群体。此处所谓“祖先”，在人类学上可能就是有些学者所说的图腾，并不一定是人，也可能是特殊的生物，或者神体。当然，这都是凭借一种虚构的传说，以结合许多不同的亲缘小集团，建构为一个比较大的群体，才有力量和附近的群体竞争而共存。西周时代出现了“氏”，这是姓下面的分支。举例言之，姬姓的周王室，分出若干王子各自建国，例如鲁、晋、卫等国，他们就是姓分出来的氏。鲁国的公子，例如孟孙、叔孙、季孙，则是公子们从鲁氏分出来的另一层次的氏。氏之成立，必须等到其下第三代才能正式当做一个单位，前面两代即儿子和孙子的时代，都仍旧归属在原有的“氏”内。这姓、氏的不同定义，在战国时开始模糊，到了秦汉已经完全混合为一，所以才有汉高祖在《史记》中被称为“姓刘氏”。

同姓、同氏的父系系统之外，西周实行外婚制。因此，同姓的人不婚，一定要娶外姓的女子为配偶。这种安排，是以婚姻的关系彼此交换其女性成员，将若干姓集团结合成关系密切的大同盟。姬、姜二姓世代为婚姻，从西周开国就是周王国统治阶层的两大成分。当然，他们又个别和其他的姓氏建立婚姻关系。于是,纵向联系是宗族,横向的联系是姻亲。周代的封建网络，经过宗亲和姻亲两个方向纽带，联系当时整个中国的封君，建立了一套非亲即戚的关系网。这个大网络之内，如前所说，有亲疏远近之分，世代渐远，关系也就慢慢疏远了。姻亲的关系更是如此，老亲如果不是继续若干代不断通婚，亲戚之间的亲密关系也就会淡薄了。这就是费孝通所谓“差序格局”的解释。

我以为，假如用同心圆的方式解释这种格局，可以将每个人视为一个大网络的中心，亲疏远近的不同，决定了他人与中心人物亲密关系的程度。一方面，亲缘关系内，个人盼望得到团体的庇护——所谓人多势众，群体生存远比单打独斗有利。另一方面，个体能享有亲缘共同体的庇护，也就必须对这个共同体尽一定的责任。权利和责任，因为“社会关系的距离”而决定其程度。近亲之间互相帮助的责任，就比远亲之间更为具体；个别成员能够从近亲得到的帮助，也就比远亲之间更为自然。以这个观念来看，中国人的人际关系网络内，一个人和另一个人彼此之间的权利和义务，都是相对的。在今日西方世界个人主义的先决条件下，所谓人人关

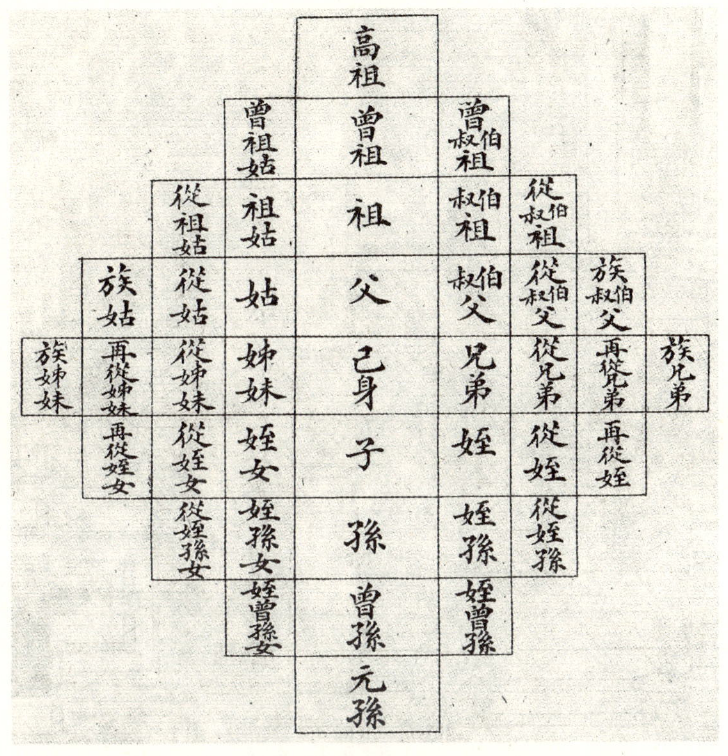

古文尚书叙述的九族，引自清孙家鼐等编《钦定书经图说》，光绪三十一年（1905）内府刊本。

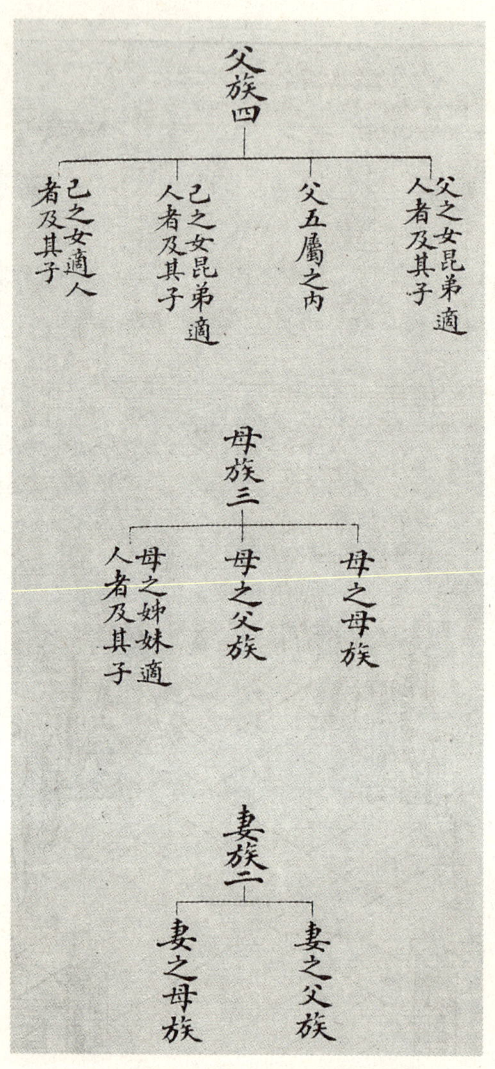

今文尚书叙述的九族，引自《钦定书经图说》。

系皆平等，却与中国的人与人间的关系并不一致，二者呈现完全不同的思考角度。

这种亲疏远近关系的差别，在宗族的祭祀仪式上，就呈现为个人牌位排列的秩序和高低。在墓地上，也呈现为个人坟茔位置的安排，成为扇形的展开。最显著的表现是在丧礼上，每个人丧服的形式和材料都不一样。对于最亲近的人，例如父母之丧子女戴孝，穿的是最粗的麻布，而且没有缝线、没有缉边；亲属关系逐渐疏远，孝服的材料逐渐细致，也比较接近常服。这种丧服材料上的差异，也就决定了死者和服丧的人的关系，以及他们可以得到的权利和应尽的义务。我记得在我年轻时，亲友们的讣闻要送到六种关系人的手上：亲（同姓）、姻（姻亲）、世（世交）、僚（同事）、年（同科）、学（同学），至少这六类关系都要送到。至于远近的邻居，其实关系更为密切，如果没有其他特定的关系，通常放在“世交”的范畴内。如此庞大的关系网，尤其是一个显要的家族，可能牵扯到数百、上千的人口，也往往超越了他们的居住地点。

除了家族姻亲的关系，中国实际上还有一种类亲缘的差序格局。在中国，佛家和道家的宗派，模仿了儒家的亲属观念，师徒之间也有类似父子的称呼——“师父”，一日为师，终生如父。同门师兄弟之间，也是类似家族的手足关系；以此推而广之，师兄弟下面的徒弟们，彼此也是以堂兄弟相称，而且尊上辈为伯叔。同样，民间的手工艺和商店的学徒，对待师父也如同自己的父亲；民间许多社团，例如著名的漕帮，是水路工作人员的帮会，新会员入会必须要有师父。因此，师徒论辈分，同门师兄弟之间的关系也如家族成员。江湖上，各种的民间宗教或是职业团体，几乎无不具有类亲缘的组织。

同门读书的儒家师兄弟，甚至于私塾和书院的学生，其模仿亲族的结构更不在话下。推而广之，科举制度下同年考上科名的举子，都认阅卷的主考者和总主考为老师，称为“房师”“座师”；同年之间，彼此则称为“年兄”“年弟”。在官场上，科举同年是个重要的网络，彼此扶持、结党结派。当然，这一类结合是以利相结，未必有真感情，其所谓亲缘的关系也只是比附而已。

因此，上一节所说的亲戚族谊所具备的差序格局，成为普遍存在的网络关系的基础。差序格局的特色，在于对外是一家，对内却有亲疏远近的差别。如上所说，这种亲疏远近，很具体地确定了人际关系中个体的权利和义务。除前面所说丧服制度，在社会关系的实际运作上，这种亲疏远近通常被称为“伦常”。所谓“五伦”，都是相对的：在公的方面，君仁臣忠；在私的方面，父慈子孝，夫妇敬爱，兄友弟恭。以上是亲属之间的相对关系，朋友 / 邻里之间彼此有义，而朋友之间又以年龄和资格的高低，排列类似弟兄的长幼秩序。凡此相对关系，也就无形之中规约了人际相处在什么关口，对什么人要给予什么样的帮助；同时，对什么人可以期待什么样的援手，也会比较清晰。

整个中国社会，笼罩在了如此庞大绵密的网络之下。人与人之间有一定的预设关系，不需要经过法律，自有必须信守的规则。从好的方面说，个人不会完全孤立无助，艰难困苦时必定有人可以伸出援手。中国人可以清楚地知道自己在网络上的位置，也不至于有失落孤独之感。

从坏的方面说，个人的行为，举手投足无不在众人监视之下，人和人之间的规律之严，甚于法律。在这个传统社会的网络，人与人之间的互相约束、互相监督，使人人无所逃于天地之间。西方社会的个人自由，对于传统的中国人来说很难理解。中国人的“修养”，就包括了清楚地理解自己在网络中的位置，不至于逾越。一个人要在广大的群众之间知道分寸，而且要懂得在差序格局的约束下，如何忍受严格的规矩。唐初，山东郓州张家九世同居。唐高宗询问这一家的家长：怎么能做到九世同居而不分家？家长在纸上写了一百个“忍”字——张家的祠堂也因此名为“百忍堂”。

假如从生活共同体的角度来看，这种差序格局，就是结合一群亲缘或类亲缘关系的人口，以深度的合作，组织为一个同生死共荣辱的共同体。明代，浙江的郑氏百年同居，称为“天下第一义门”。据说每日用餐时，一人不到，全族等候；甚至于郑家的狗，也等所有的狗到齐了才开始用食。我在香港新界参观过当地郑家的大围，这个上千家的大村落都在墙内挨户排列，每家不超过三间房。他们全族共有海浦新辟的土地，按照各家的劳力分配耕地。新界除了郑家，还有文家也是如此：全族共有开垦的土地，每年要按照劳动人口划分各家的耕地。这种“小共产”并不符合马克思理想，只是按照中国的差序格局，组织了一个生活共同体。

从东汉开始以至唐代，郑家、文家这种大族在北方聚族而居，人口数千乃至上万，依赖坞堡抵抗北方的胡人。迁移到南方的移民，也是以家族为组织，成群结队开发南方的土地。宋代以下，地方性的亲族集团则成为更常见的组织形态。这一类的族群延续到近代，也就是我们所熟悉的宗族。将近一千年，这一类的族群在地方上担负起集体福利的任务。一个县内，这一类的宗族其人数大致两三百人，至多不超过五六百人。他们有一个核心，通常是以“祖宅”的方式——无论在城内或是在城外——圈成一个大院。这份财产不属于任何个人，而是属于整个族群。其中上百间房间，并不完全固定属于哪一房、哪一支居住，全族人按照需要分配住房。通常最发达的一支，会居住在主要的内院；其他的房和支，则各自按照需要居住在边缘或是散开的房间内。每一房或支各自过日，所谓“同灶分炊饭，共甑各烹鱼”，也就是共居而分财。只有在节庆祭祖的时候，大家才会在一起聚餐。

一个宗族通常拥有一些祖产，也许是田地，也许是店房。这些产业出租的收入，就是族内的共同财产。老弱贫寒的族人，平时依靠这些祖产的收入补贴生活，孤儿、寡妇当然更能名正言顺依靠祖产维持日常需求。族内会有一个学堂，使用祖产聘请老师——也许老师就是族内的老书生，教育族内儿童。有出息的孩子——在过去是赶考，在现代是上学——自己本房无法支持时，其不足之数也由祖产供应。男婚女嫁本房本支无法独立办理时，一样也是用祖产补贴。发达的房支，会在自己能力范围之内购置更多的产业捐献给宗族——这种亲族圈内的小共产，在将近一千年的时间里使中国相当一部分人口免于饥寒，还有发展、发达的机会。

以我自己所见为例。无锡一县，据我所闻有五六十个宗族，每一族都有或大或小的祖产给族人的生活提供基本保障。我们家的祖宅在无锡东城，有一个五六亩的大院，还包括一个桑园；城外还有数十亩良田，出租给佃户；城内也还有一些佃房，其租金也是祖产的收入。上文所说的补贴老弱贫寒，以及维持学堂等的费用，就由这些祖产的收入支付。我印象中比较特别的部分，则是桑园内有数百株桑树。我的祖母是主要的一房的女家长，春天的时候，由她老人家率领全族女眷采桑养蚕，待结成茧实就由茧行收去。这一份收入，就是全族女眷的零用钱，寡妇的额外补贴、女孩上学的置装费用、女儿出嫁时的添妆等费用都从这里支出。有些坏掉的蚕茧，那些乱丝就是我们学生墨盒里面的丝绒。

在乾嘉时我家人口不少，单在大院内居住者，包括族人和仆役就有两百人左右。太平天国运动期间，东南受害极大，家家涕痕：我们许家损失男妇三十八口，四支之内有两支绝后。族人四散逃亡，有些从此没有再回来。老宅被太平天国的守将占为王府，有一部分院落变成太平军的火药库。太平军过后，要收拾这三十八口死亡者，自己族内只有四个男丁，全赖出嫁的几个女儿——她们也蒙受大难，但是这几家姑奶奶还是尽力回馈娘家，安排丧葬。这就是亲戚关系，从亲族延伸到姻亲，彼此间互相提携以渡过难关。从太平军后直到抗战前，从我的曾祖父到先父，经过三代人的努力，修缮祖宅、恢复祖产，使故居大院仍是全族“歌于斯，哭于斯，聚族于斯”的地方。在我的印象中，无锡城内以及一部分城外的大家族，不下二三十家，彼此之间都与我们家有千丝万缕的“老亲”关系。如果没有这种以亲族为基础的共同体，许多大族不能够撑过难关。

模仿亲缘组织的，则是各种社团本身的内部关系，宗教团体方面，是佛教、道教的寺观和其他宗派；民间组织方面，是漕帮和其他地下或半地下的团体。这些组织也用父子、叔侄、兄弟的名称界定他们的人际关系，我们可以称为“类亲缘组织”。寺院、宫观本身就是家庭一样的结构，因此他们的成员在团体之中也有互相帮助、互相支持的义务。漕帮是中国水路交通的员工组织的类似工会的大团体。他们成员之间组织为一个庞大的弟兄团体，个体面临的生、老、病、死以及其他需要的事务，都由漕帮于必要时加以协助。最显著的是，在各个重要的码头都设有罗祖庵，年老退休或者生病的弟兄们，都可以住在庵中。此外，造船工人、铁匠、木工，也都有自己的同业公会——南水仙、火德星君、鲁班庙这些祭祀地，对于同仁一样有种种照顾和互助的责任。

由许多不同的亲缘关系网、混合类亲缘关系网，以“乡土”的观念编织起来的更庞大的地方组织，是传统中国权力结构中很重要的一环。虽然中国号称是大一统的帝国体制，但自古以来中央的权力其实不大，真正的治理实体，各个时代并不一样。远的不必去说，以近古而论，从宋代到清代，大致都是以县作为真正的治理单位。县级的社会，是自主性的共同体。清代的县令单车上任，身边只有三五个秘书，再加上属僚和助手，整个县政府工作人员，也不过二三十人。一县人口通常在十余万到五六十万之间，真正的日常事务，其实不在县衙门，而是通过民间的自治来处理。

仍以我自己家乡无锡作为例子。大概乾嘉以后江南大定，清政府不再担心江南会有叛乱。同时，江南的士绅集团自从明代以来已经逐渐成形，这些士绅真正地执行了地方的管理工作——每一代大概总有二三十名士绅，代表三五十家大族共同参与地方管理。这些管事的士绅，并不是以财富或是官位参与地方的管理工作。虽然没有明确的选举制度，大致上还是以人品和性格作为大家是否拥护的标准。每一名参与管理的士绅，又代表了至少两三个大族；大族与大族之间有着千丝万缕的婚嫁与友谊，都是彼此知道根底可以信任的。

无锡县内除了士绅，当然还有许多商家和作坊。近代以来无锡又以小上海著称，有不少江南的企业家在当地设厂，也在其他地方设厂生产日常用品，当地人的资源确实相当丰厚。管事的士绅过去并没有特别的名号，但在近代，则以“商会会长”的名义领袖群伦。辛亥革命时，无锡、金匮在秦效鲁领导下宣告独立，编练“锡军”，驰援南京临时政府，锡金施政自治，达一年之久。北伐以后，无锡的士绅领袖先是杨翰西，后是钱孙卿，两人都不经营企业，只是因为他们的人望和学问得到大家尊重，才被拥戴出头管事。在军阀斗争时代，为了防止过境的军队进城骚扰，地方的领袖就出头与军队谈判，付出一笔开拔费，使他们不再进城。无锡地方上的福利，有不定期的修桥补路，也有每年准备一定的救济金，用来接济从江北南下逃春荒的难民。经常性的福利还有育婴堂（孤儿院）、养老院和乞丐的安置所——这三个项目大概都是从乾嘉之际开始的，延续到 1949 年，前后有两百多年的历史。这些费用，都有士绅们按例向企业界和工商业取得捐助，委派可靠的人员监督和管理。

士绅家族的女眷们也并不闲着。我的祖母就是当地念佛会的副会长，会长和两位副会长都是当地人物的老太太。她们以念佛会为网络募捐款项，冬天送寒衣，青黄不接时也募集粮食，以救济当地的贫户。她们督办的“斋堂”，就是守寡无靠的妇女可以养老的地方——这些妇女，同时也是养老院与育婴堂里工作的人手。

每天早晨，管事的士绅会在“新公园”的清风茶墅用早点，谈公事，这一茶室进门处是荷塘，三大间散座，另有几间雅座，则是“商会”领袖们的集会地点，讨论公众事务；茶室外面的大间则坐着一些普通百姓，等候提出各自的请求。此时此地，也有各行各业的主要人物，随时听取士绅们向他们交代担负的工作和承诺捐助的款项。在将近中午时，一县之长才会到达茶室，听取这些士绅的决定。整个一县事务，基本上是老百姓自己在管，政府奉行他们的意旨而已。

这种形态的组织不是无锡独有，当时整个江南几乎处处都有同样的社会结构，以当地民间力量管理当地事务的体制。江南以外，我相信中国各处比较富裕的地区，大概都会有类似的社会组织。

稍微和这种方式不同的，则是北方战乱较多、比较不安定的地区，地方人士也会以自卫为目的而组织地方自治。在抗战时期，我家有一段时候住在湖北西北部，也就是先父工作的地区。与老河口相距不远处，河南西南部的宛西（南阳）地区——内乡、淅川、镇平等五县，曾经有一位别廷芳组织了自卫队保卫豫西五县，使得土匪不敢进入。他只是当地中等地主出身，读过私塾，也读过师范。眼看家乡不断遭受匪害、残破不堪，他出头纠集乡里亲朋好友，组织民团保卫乡里，同时发动民间力量进行建设。他们开发小型水利系统，提升当地的农业收入，也兴办各种小型的现代企业，例如水力发电站、农具厂、纺织厂、面粉厂等。他推行保甲制度家家联防，使奸宄无所藏身。严刑峻法之下，当地居然可以做到路不拾遗、夜不闭户。河南省政府委派的县长，只是在任垂拱而治，手上并没有实权。

别廷芳组织的地方自治，其运用的网络关系，也就是亲戚故旧和地方原有的宗族组织与信仰团体。这些千丝万缕的关系，编织了绵密的差序格局网，才可以不经过法律、纯粹依靠人际关系形成一股力量。他们强调人人尽力为己为人，以保持乡里的安全和繁荣，从私扩展到公，实现传统中国的理想社会。

从上面所说，差序格局的延伸是由亲缘延伸到地缘，每一个人在这大网络之内有所归属，依靠网络解决自己的问题，也凭借网络贡献自己的力量。这种网络的起点，则是最基本的亲缘关系：亲子之间的亲密互依。人类的生物性，也是为了个体自己的生存与经过繁殖延绵的后代的存续。亲子之间，其亲密性是自然的：生我、育我、顾我、腹我——父母为了子女可以牺牲一切，子女为了父母也可以无所不至。孟子认为仁的起点是恻隐之心，而他形容恻隐之心，却是从孩子看见死去的父母尸首暴露，心有不忍而回去取了锄头埋葬父母开始。孟子这番形容，确实是道尽了亲子之间必然存在的一番顾念和依恋。亲族只是亲子关系的延伸，兄弟骨肉当然也是亲子附属的同胞关系。这些就是从最自然的生物性开展为人间伦理的基础。男婚女嫁既是生物性的需求，也是社会性的结合。夫妇情爱是人际关系根本之要项，由婚姻建构的亲戚关系，则是配偶双方家族之间交叉的联系，是亲属关系的延伸。因此，中国文化的差序格局，是从生物性中最基本、最自然的部分，由近及远，从最亲近的骨肉延伸到宗族、乡里和类亲缘的团体 。

儒家理想以仁为本，仁的定义是忠和恕：忠是内心之“中”，恕是我心如他心，仁则是二人之间的相处之道。儒家的基本观念，正是儒家伦理的基础。战国道家的文献，有“惠”字出现，其意义是与爱相通的。佛家进入中国，颇为着重其普世、仁爱的一面。这三家的观念合而为一，正是上述“推己及人”的基本理念。

由推己及人的原则，儒家才发展出“己欲立而立人”的观念。所以《论语·宪问》才说，“修己”应是个人对于人伦的充分理解与实践。“修己”之后行有余力，下一步是“安人”“安百姓”。“安人”之“人”，还是自己附近的其他人群——这就可以界定为乡里之间的互相照顾；“安百姓”却是“安”全人类，边界极大——因此孔子都说，古代圣王都很难做到安百姓。他不是说不能做，而是因为世界太大，圣王只不过是中国一地的王者，未必能够照顾到全人类。然而，孔子仍旧以此悬为目标，盼望有一天每一个人的“安人”，可以互相交叉重叠，发展为一个大的网络，使全人类都能在互相关心、互相帮助的过程中，得到适当的照顾。前面曾经讨论冯友兰“新原人”和“新道学”，他提出人类的伦理观念应当是逐步提升。在本章中，我们讨论的方向也是指出，中国的人伦关系可以从生物性提升到社会性，又从社会性提升到超越的普世价值，其提升到形态，其实可以与冯氏所说互通。

这种构想，是个人主义与集体主义的重叠。个人的部分，是从“修己”领会到自然的人性，个人既不能孤立，也不应当孤立。集体的部分，则是由近及远、推己及人，应该量力为之——从提升自己开始，先照顾到四周围的亲戚朋友，逐渐将整个大的差序格局的网络笼罩在更大的人群。差序格局之中，个人既有权利也有义务，人不能孤立，然而人也不是屈服于集体的安排。这一种个人到集体的延长线是开展的，不是断裂的。在这差序格局之内，个人要自我约束，时时刻刻理解个人是集体中的一部分。然而个人也知道，个人不是由集体支配的，个人对集体的义务与他可以从集体所获得的保障互为因果、互相依附。中国文化中差序格局的特色，与今日西方文明中个人主义的极度高张相对比，可以救济个人主义的孤独，也可以防止社会因个人主义过度发展而面临的碎裂与瓦解。而且，这种共同体并不是出于利益的合约，而是基于人性的感情——利尽则交疏，人性之间天然的感情，却不会因为利益之有无而就此断绝。这是中国文化中超越性的价值，也可以扩充成为人类社会的普世价值，以补现代文明的不足。

当然，今天的中国已经不见如此形式的人际关系。不过，我们还是可以将此形态的社会看作人类历史上曾经有过一群人，一群为数众多的人，凭借一家理想实践过如此这般的人际关系，彼此兼容合作互济过。

第十章

小说传达的境界

诚如在《解题》之中已经提到的，小说的内容有很多是从民间传说演绎而成，或者从韵文的戏曲转变成为白话。既然这两个项目已经有所讨论，其实小说不必另立一类。而且小说作者撰写一本首尾俱全的故事，作品成于一手，更加反映作者本人的理念和观点，也就未必代表一般庶民的观点。然而，中国的小说大概可以分成两类，一类是给文人、学士阅读的，另一类所谓“演义小说”，则与民间说书、讲故事传统很难分割。小说可能是从说唱艺人口中的短篇故事取材，将其扩大或是连缀而成；一本畅销的小说，其中的片段又可能被说唱艺人转换成他们的表演题材——于是，演义小说与民间的说唱、演义故事之间有来有往，彼此间并不容易分割。再说，这一类小说作者的教育背景和社会地位，往往也是比较普罗的一个层次，居于常民与精英阶层之间。因此，演义小说的影响其实可以跨越上述两个阶层，而又同样可以渗透常民文化，成为常民文化之中一个重要的部分。

本章陈述的第一部书是足本《水浒传》，不是金圣叹的七十回本。今天，《水浒传》已家喻户晓，其故事已经转变成很多戏剧和演义的题材，书中的绰号也常常被用在日常生活的会话中，成为大家借用和互相称呼的譬喻。《水浒传》成书在元末明初，作者施耐庵是受过一定教育却没有进入精英阶层的人物。《水浒传》里的故事发生在北宋，距离施氏时代已经有二百年之久。《水浒传》故事的原型，可能在宋代已经出现。南宋的笔记和民间传说，已经有宋江等三十六人横行河朔，后来为张叔夜设计擒捕招安的故事。《水浒传》里面一些人名，例如关（必）胜、宋江、燕青、武松等人，都曾经在说唱话本中出现。看来在南宋，北宋曾经有过的宋江故事，已经发展成为系列故事了。

在《水浒传》中，施耐庵描写的许多社会现象，有相当成分与宋代的情形类似，但也有若干不同之处。例如，宋代已经成为日常饮食的一些饭菜，在明初也延续不变；宋代并没有蒸馏过的烧酒，宋人喝的酒类酒精度不高，水浒里众英雄人物如武松和鲁智深等人也因此可以一喝就喝十多二十碗。水浒故事中描绘的那些豪强的庄园，祝家庄、扈家庄等，是北方已经沦陷的辽金时代，中国人为求自保而组织的地方自卫团体。在两宋之际，那些占领山林的豪强包括梁山本身，也是自称为“太行忠义社”一类的武装团体。在元代中国，这一类的山水寨其实还颇有存在者。从这些方面看来，《水浒传》的内容，可能涵盖了两宋以至辽、金、元时代长江以北的一些常见事物。

这里容我介绍一下水浒故事的梗概。山东郓城小吏宋江，社会地位不高，广泛交结江湖朋友，包括地方的保正（相当于今天的村干部），横行街市的角头（黑社会头目），等等。他在黑白两道名声远播，也因犯罪被充军江州。在江州，朋友们劫法场将他解救，然后集体上了山水围绕的梁山泊。从此，各处英雄，一位又一位因不同缘故纷纷上了梁山。一百零八位好汉来自四方，背景各不相同，他们结为弟兄，誓言“不必同年同日生，只求同年同日死”。宋江心念所在，是希望有一天被招安，在疆场上立功成名。后来他们果然被招安，朝廷指派他们平定南北“四寇”。前三役梁山人马没有折损，第四役征方腊，却每战必有伤亡。征方腊结束后剩下二十余人凯旋，回京后便分散各地任职。最后，朝廷赐宋江毒酒，宋江自知不免，邀来亲信李逵一起自杀，两个至交吴用和花荣，也在他们的墓前自缢。当年的一百零八人，只有鲁智深和林冲皈依杭州佛寺，武松留在杭州就近照料他们。梁山最早的头领李俊等人，宁愿浪荡江湖，组织船队夺取暹罗，到海外称王。其他少数侥幸未死的人，在金人入侵时分别死于卫国战争。

《水浒传》更为详细的故事情节在此不必细谈，它所要表达的是社会底层人物生活的艰难。混混的日子不容易过，有许多人为了谋生，所作所为往往在正邪之间。上层社会文化所标榜的一些行为模式，在这种场合无法完全体现。既然是合法与不合法之间，所以国家要求的忠诚、礼节等，都不能求之于这些底层的人物。忠、孝、节、义四个项目，前三项都是安定社会中的伦理，义字却是人与人之间的互相信任和互相帮助。这些底层人物穷困潦倒，国家和主流的社会已经没有他们的容身之地。有些人甚至没有能力成家，或者有家而不能归，孝和节或者亲族的伦理，往往也就顾不到了。在家靠父母，出外靠朋友，不仅济困谋生，甚而生死关头寄身逃命，都只能靠朋友的帮忙。为了帮朋友也可能惹得自己一身麻烦，朋友之间的感情因此深厚无比。这也就是梁山英雄们的生存状况，他们在山上聚义，彼此之间的结交是以兄弟相称。他们憧憬的境界，是有一天可以摆脱这些身份重新做人：接受政府招安，进而建功立业，最后得到好的结果。可是，绝大多数的底层人物，不可能有实现自己梦想的机会。招安，终究只是一场大梦。于是，梁山故事的最后结局，是梦想的破灭——死的死，走的走，剩下来的只有朋友相处的义气，常为底层人物希望之所寄。

梁山好汉的故事所主张的义气，一百零八兄弟聚义的故事，自从《水浒传》完成以后，深入民间文化，被人们当作一个永久的楷模来效仿。洪门、青帮等这些地下社会的组织，他们的誓言之中，梁山的义气永远是被引用的前例。不仅黑

吴用智取生辰纲，引自精镌合刻《三国水浒全传》，明末雄飞馆刊本。

社会如此，歌颂人与人之间的义气，甚至工匠的公会或商帮的结合，也是义字为先。这种对后世社会文化的影响，已经超过一般小说的范围了。

梁山故事强调好汉们被“逼上梁山”的苦衷——官逼民反，许多可以作为良善百姓的人物，因为官家的不公、豪强的欺压、财主的剥削，不得不起而反抗，投入一些已经存在的山寨，挑战既有的社会秩序。劫富济贫，是穷人的另外一个梦想：他们眼看着财富分配的不公，总觉得有钱人应该帮助穷困之人；如果富人不愿意如此做，英雄们可以代表穷人夺取富人的财富，分配给穷困无告的底层人物。

这两项口号或者两种诉求，大概在任何社会都一直存在，都有人会在走投无路时想到如此的抗议方式和如此的解决方法。于是在中国历史上，每次因为政治不良或是社会不安，出现有势的阶层压迫无势的阶层，富者剥削穷困者，最终都会引发大规模民变。那些民变的领袖能够号召穷困者组织大军，往往就以梁山同样的诉求为口号，组织无数群众揭竿而起。早于《水浒传》的年代，历史上已经有许多前例，晚于《水浒传》的明清，也不断地出现类似的官逼民反事件，都是底层民众希望以劫富济贫的方式来纠正社会的不公不平。《水浒传》所标榜的义气、官逼民反、劫富济贫等理念，也许正是总结前人的经验，同时又开启了后人的向往。

回头来看《水浒传》的内容，真正官逼民反的例子其实不多。林冲受高衙内的迫害，以至家庭破散，自己被充军发配，如果没有鲁智深一路同行保护，性命也不保。他是第一个上梁山的英雄，参加梁山的时候，他也没有得到公平的待遇，不得不在几个能力、本领都不如他的人物手下，委屈地坐了第四把交椅。因此，在一些人物的生活经验中，不公待遇并不仅限于外面的社会。林冲遭遇的种种困难，要在宋江上山以后才得到伸张。林冲故事在水浒中，实际上有更进一步的表彰“义”字的重要性。

至于劫富济贫，在水浒的整个故事中，我们并没有看见梁山英雄劫夺的财富被分配给一般的穷民百姓。每次看见下山征讨的情节，常常明白交代：山寨的粮食不够了，必须劫夺州县取得粮草。有时候，他们攻陷一个庄子（祝家庄、扈家庄），部分目的也是取得那些地方储蓄的粮草。只有在梁山，无论头领的地位高低，甚至一般的喽啰们，都能分到公平的一份。聚义厅上的分金，是一个重要的节目，也就是在这种情境下，“义”字又一次呈现了具体的意义。

倒过来讲，上梁山的人物有许多是被设计甚至是被逼上山的，这就不是官逼民反了。例如秦明、李应、朱仝、呼延灼和杨志，一直到后来想方设法招来的卢俊义，这些人都是平白无故中了梁山的计谋，被逼得走投无路不得不上山。

梁山号称一百零八人都是兄弟完全平等，可是再仔细看看：三十六天罡，一部分是本领高强不能不列入天罡，然而宋江带来的江州老弟兄，还有如解珍、解宝这种小混混，也列在天罡之列就不是公平原则了。梁山聚集了一百零八人，公孙胜和吴用招来了擅长石刻的金大坚，刻了一百零八人的姓名和排序地位，号称这是天降的石碣，是天命所在。这个设计显然是为了宋江安排他的位置，也借“天意”确认新老弟兄的排序。

水浒故事之中时时透露宋江的心机，明明要做老大，却常常假装礼贤下士，“纳头下拜”让大位于人。每次有如此情况，他在江州招揽的李逵就会出头叫嚷。晁盖做领袖的时候，宋江不让他带队下山立功，以免自己的光辉被夺。晁盖唯一一次也是最后一次率领梁山弟兄攻打曾头市，受伤而死。在临终前他的遗言是，谁能活捉射他的仇家史文恭，谁就能继承领袖大位。后来，卢俊义活捉了史文恭，如果按照晁盖的遗嘱，卢俊义就该担任首领，而且梁山罗致卢俊义，也因为卢俊义在江湖上有号召力，希望有他作为领导。然而，正在讨论谁该担任领袖时，江州老弟兄尤其是李逵，无不主张应由宋江担任领袖。这些作为，都摆明了宋江是假仁假义。

凡此作为，都是《水浒传》作者处处透露给读者的信息：起义的梁山好汉们，其实很多作并不符合他们光明正大的口号。可是，改朝换代的好汉也罢，革命起义的领袖也罢，他们之间这种矛盾自古有之。

读过水浒的人都知道，前面半本七十回，有所谓宋十回、武十回，表示有关这两个人的情节各占了十回之多。此外，林冲、鲁智深的事迹，所占篇幅也不少于十回。鲁智深和武松的情节，又因为他们经常搭档而难以分割。如此分配的分量，可见这四个人的重要性。其中，鲁智深占的地位尤其突出。从他上五台山受戒出家，智真长老就给了他一段偈子："遇林而起，遇山而富，遇水而兴，遇江而止。"此后，征四寇的时候，又给了他一段偈子："逢夏而擒，遇腊而执，听潮而圆，见信而寂。"这两段偈子，预言了鲁智深的一生遭遇。征四寇之役梁山损兵折将，鲁智深在擒方腊前，曾经进入一个世外天地，其中一位老僧开示他摆脱尘世。于是，当大军凯旋，鲁智深却决定留在杭州六和寺。八月十五日钱塘江涨潮，鲁智深以为是大兵杀到，和尚们告诉他这是潮信。鲁智深忽然觉悟，这是他应该圆寂的时候了，于是沐浴净身，坐化圆寂。他也留下一段偈子："平生不修善果，只爱杀人放火。忽地顿开金枷，这里扯断玉锁。咦！钱塘江上潮信来，今日方知我是我。"这是水浒人物中得到善果的人物。

前文提起过，梁山人物的下场是死的死、伤的伤。虽然剩下二十七将各自得到封赏，在地方为官，但带头的人物卢俊义、宋江都中毒而死，宋江的亲信李逵、吴用和花荣，也都为其殉死。武松伺候着风瘫的林冲，鲁智深坐化圆寂，林、武二人病逝：最后这些故事都发生在杭州。卢俊义的亲信浪子燕青，在班师途中则不告而别。按照书中的情节，他在双林镇遇见隐居田野的老友许贯忠，得到启示才消失人间。还有李俊、童威、童猛，则是驾船出海另辟一片天地。鲁智深、燕青、李俊等人，都是在梁山世界之外另寻自己安身立命之所。

五台山智真长老也曾经应宋江的要求，给过他一个偈子："宋江向前拈香礼拜毕，合掌近前参禅道：'某有一语，敢问吾师。'智真长老道：'有何法语要问老僧？'宋江向前问道：'请问吾师：浮世光阴有限，苦海无边，人身至微，生死最大。特来请问于禅师。'智真长老便答偈曰：'六根束缚多年，四大牵缠已久。堪叹石火光中，翻了几个筋斗。咦！阎浮世界诸众生，泥沙堆里频哮吼。'"这个偈子的意义，更是明白地交代一切人间作为，最后都无非一场空虚。另外一位佛教高僧，为了鲁智深的坐化作了如下的提示："凡人皆有心，有心必有念。地狱天堂，皆生于念。是故三界惟心，万法惟识。一念不生，则六道俱销，轮回斯绝。"这些开示宋江没有觉悟，终于遭灾；鲁智深等人觉悟了，遂得超脱凡尘各得其所。

以上种种，可以显示《水浒传》的作者施耐庵身处元明之际天下大乱时局中的人生体验，他自己也在乱世几遭不测。他对事情的悟解，就是最后这个偈子。由这一串隐藏的线索，我希望读者们理解：施耐庵的本意不是歌颂江湖义气，也不是盼望梁山归正，而是指出世间种种作为，犹如梁山的五年，其中有虚假、有苦恼、有失望，最后是一场空。

第二部要讨论的小说，是罗贯中的《三国演义》。罗贯中和施耐庵是好友，罗贯中年纪比较轻，以师礼协助施耐庵。他们二人的作品有相当多的类似之处，就是因为他们彼此切磋，甚至互相帮忙才完成各自的作品。罗贯中曾经参加过元末张士诚的政权，可是后来离开了张氏，专心于撰述。他的作品甚多，不过《三国演义》大概是最主要的一部，也是演义小说中首屈一指的杰作。

《三国演义》是叙述汉末天下分裂的时代，魏、蜀、吴三家争夺正统的故事。三国的史事当然是以陈寿的《三国志》最为详尽，在陈寿写作《三国志》以前，还有习凿齿的《汉晋春秋》和常璩的《华阳国志》，这两部书里都有很多三国的资料。尤其是《华阳国志》，记载的是巴蜀地区的地方历史，对于蜀汉的史实有最为详细的描述。这几部书彼此之间也有些异同：陈寿是以魏晋为正统，习凿齿是以蜀汉为正统，然后再接上晋代。这些异同的许多细节不必在此叙述，以免一般读者觉得繁琐。

罗贯中的《三国演义》，包含的史事有大格局：他基本上是根据陈寿所著《三国志》讲述，而又以蜀汉作为正统，严厉地斥责曹魏，至于吴国则是置身于东南角，被当作中国的旁支来看待。由于这个特殊立场，《三国演义》所褒扬的对象，集中在刘备三弟兄和诸葛亮身上，将其当作正面人物，而将曹操描述成奸诈的篡位者。由于如此立场，也由于要铺张一些热闹的情节，罗贯中笔下《三国演义》的故事，与陈寿《三国志》所叙述的真实历史相比较，就颇有差别。例如，赤壁之战是《三国演义》故事中的一桩大事，真正的史实是吴国乃抵抗曹操南进的主要力量，刘备的武力至多是辅助而已；有名的草船借箭是周瑜的计策，跟诸葛亮没有关系；赫赫有名的过五关斩六将，关羽所走的路线其实也有错误——

从当时曹操总部所在的许昌，到刘备依靠的袁绍总部邺城，大概只有二百华里，关公不可能走那么一大圈，过那么多关口……此处我们讨论《三国演义》，不是为了考证历史真伪对错，而是将其当作一部叙事小说来看待，也就不必太斤斤计较那些错误了。

三国演义的主轴，乃陈述汉末皇权衰败，因内戚宦官斗争惹来了董卓的军队夺去政权，汉朝从此灭亡——汉献帝最后也是被曹操挟制，曹操以丞相的名义篡夺了政权。当时天下分裂，经过许多年的内战，底定为占有中原的曹魏、据有江东的东吴和刘备建立的蜀汉三分天下的格局，到最后才被曹魏的继承者司马晋短暂地统一了中国。前面一段诸侯纷争的内战期，主要的情节是在曹魏兴起、挟天子以号令诸侯这个阶段。经过赤壁之战，三国故事进入了中间一大段三足鼎立的斗争。在这一阶段，显然主轴是放在蜀汉和吴国的关系，北方的曹魏则被放在比较次要的位置。到第三段，吴、蜀关系破裂，刘备死后诸葛亮独撑大局，这个主轴就在诸葛亮如何坚持蜀汉的事业。

我以为，整部书的大格局是分辨忠奸，以确定魏晋的创业者曹氏和司马氏的罪名。贯穿全书的线索，则是人与人之间的义气：桃园三结义，刘备、关羽和张飞因为意气相投结为异姓弟兄，终身不渝。桃园结义的典故，在中国民间伦理观念中已成为典范。他们三人起自草莽，互相合作结为一股力量，虽曾在艰困之中离散，但是三人不渝初衷，关羽和张

祭天地桃园结义，引自《遗香堂绘像三国志》，明末安徽新安黄氏刻本。

飞独自安身，始终不忘寻找刘备的所在。关羽不得已时归顺曹操，但是坚持降汉不降曹的原则。面对曹操种种礼遇，关羽并不动心，一旦知道了刘备所在便立即封金挂印，护送刘备的两位夫人，过五关、斩六将回到刘备身边。最后的考验是关羽失守荆州，死于疆场之后的这段情节。刘、张二人知道这个噩耗，张飞为关羽报仇心切，嫌部下行动不够快速而责罚过当，结果自己被部下刺死。刘备已经占有四川，他的大战略本应是蜀吴联合，共同抵抗曹操，可是他却因关羽死在吴人之手而气愤难平，倾全国之师讨伐吴国。也是因为悲愤填膺之下顾虑不周，蜀汉大败于吴人，刘备气愤之余一病而亡。他们三人为了义气彼此关爱，在这个关口上，性命、王位、事业，都不在顾虑之列，为了义气，他们可以牺牲一切。

另一段义气，则是诸葛亮和刘备的关系。诸葛亮一时俊杰，苟全性命于乱世，不求闻达于诸侯。但是，经过刘备三顾茅庐请他帮助，他为了知遇之感，从此死心塌地辅助刘备。刘备的大战略，是诸葛亮制定的：据蜀、联吴、抗曹，待机而动。这个大战略因刘、关、张三人死亡，事实上已经不能实现。他承受刘备托孤之命，尽心竭力维持蜀国的基地。诸葛亮执政时期，安定巴蜀，南征益州，北抗曹魏，最后六出祁山，长期留在关陇前线，食少事繁，在五十四岁撒手而去。他不惜肝脑涂地将一生送给刘备，也就是为了一个“义”字。

在吴国君臣关系，同样也有一个“义”字。孙坚创业未半就早逝，孙策、孙权继承父志，结交江东豪杰据有东南，东吴老臣对于他们弟兄二人忠心不贰，也是为了对孙坚的承诺。孙策和周瑜少年结交，都是一时俊杰，二人推心置腹。周瑜为了这份交情呕心沥血，还在壮年就因过度劳累撒手而去。鲁肃也是孙氏弟兄的好友，在初次认识周瑜时，他将家产一半的储粮交给周瑜，帮助他开创事业。周瑜死后，鲁肃俨然是吴国主要的安定力量，他辅助孙权也是鞠躬尽瘁。这四个人的交情，也是一个"义"字。赤壁之战以火攻为手段，老将黄盖愿意身受苦刑而施苦肉计，使曹操相信他是因怨而投降，又亲自驾驶燃烧的船只冲向敌阵，一把大火烧尽了曹操南征的水师。黄盖自愿冒死犯难，也是为了报答孙氏三世的知遇之恩。

《三国演义》故事里，还有一对彼此相知相信的契合者，就是诸葛亮和鲁肃。他们共同持守吴蜀结盟，抗御曹魏的大战略，彼此了解互相信任，保持了两国之间二十年的和平。这就是另一类情谊，却也当得一个"义"字。

相对而言，在曹魏方面却处处都是奸诈、利用和欺骗。曹操篡夺汉廷的权力，他的儿子曹丕完成夺汉的事业。一报接一报，曹氏父子重用的司马懿，也是经过父子三人的经营，由专权而致篡夺。曹魏手下的将领们，罕见彰显"义"字的事迹。曹氏阵营里只有徐庶本来是追随刘备，却因为曹操"劫持"了他的母亲，使他不能不追随曹操。但是，徐庶离开刘备时，发誓一辈子不为曹操进一言、筹一策。这是一个曹营难得看见的义气之士，然而，他的义气是倒过来的。

这些现象说明，罗贯中在写作时特意安排，将曹营和刘家做强烈的对比。《三国演义》故事对中国一般人民的影响是：他抬举了刘备阵营的诸葛亮和关羽——前者是智谋的象征，后者是义勇的代表，曹营则是奸诈、欺骗和篡夺的代表。曹、刘两家的地位，至少在唐代以前，并不是如此的对比。例如，曹操始终被称为魏武，是公认的战略家，也是被人称颂为结束汉末混乱的人物——在唐代，“魏武子孙”还是褒词。蜀汉在唐代以前的印象，是三国之中最弱之国，在列举这个时代的辉煌事迹之中，孙吴的英雄人物如孙权、周瑜，都排名在前。

罗贯中创造了一个智谋绝世的诸葛亮，其实颇有张冠李戴的意味，将别人的事迹放在诸葛亮身上。赤壁之战火攻的策略是周瑜策划的，也是周瑜指挥的，这笔账被放在诸葛亮身上。甚至草船借箭之事，也是在别处借来的，并不在当时的记载之内。借东风是很有戏剧性的一段事情，罗贯中描述诸葛亮运用法术借来了东南风，使得吴军的火船可以直冲北岸的曹营。后人解释，认为十月小阳春风头乱转，本来就可以有东南风。在我看来，既是风头乱转，谁能算得准黄盖火船正好碰上那阵风？

抗战时期，我家就在荆州地区，对那带的地理情形比较熟悉。抗战胜利复员，因为长江航道八年没有疏浚，也没有标志，我家搭乘的船只恰在赤壁之下搁浅。那一段的长江主流，过了荆州将近汉水入口处，却被虎牙、荆门丘陵拦住，折向南流。从洞庭湖口（城陵矶）转向，汇合洞庭湖冲出来的洪流，由南向北直冲到汉水口上，就是今天的武汉，方才转向东流。从荆州到汉口长江河道是一个“V”形，先是南流转向北流，然后才是东流。在赤壁之下，西岸是虎牙和荆门，东岸是黄盖湖（黄盖水师驻泊之处）。我们的船长指点江山：“东吴从东南岸发动的火船，正好趁着北流的大溜，直冲扎营在北岸的曹军，哪需要东南风！”

至于诸葛亮的八阵图，在历史和文学上都很有名，杜甫的诗句“名成八阵图”，就是形容诸葛亮的功业。前面我也说过，八阵是一个安营扎寨的安排，按照四方、四隅八个方位来布置：前军、后军、左军、右军加上四支辅助部队，在扎营时如此安排，拔营交战时也是先以这基本的阵容整体投入战场。其中并无奥妙，却是一个稳扎稳打的基本战术。

诸葛亮的功劳是在他的《隆中对》，替刘备策划了群雄之中唯一可以建立基业的方针。他在东吴游说，与鲁肃讨论的孙、刘联合对抗曹魏的大战略，也为三国鼎立的局面底定了一个根本的形势。他治理四川，以法家的精神贯彻儒家的仁民爱物，甘棠遗爱，四川人至今怀念。他南征益州，能够以战决胜却以和抚民，才使得“南人不复反矣”。他对刘备也并不具有绝对的影响力，刘备犯了最大的错误，就是相信关、张胜于相信诸葛亮。诸葛亮隆中对的大方针无法实现，就是因为刘备没有真正遵从他的安排。刘备死后，诸葛亮支撑大局，终于五十四岁就在军中逝世。总结来说，诸葛亮是一位了不起的人才，而且有了不起的品格，却不是一个罗贯中描述的有道术和未卜先知能力的道士。可是今天，“诸葛亮”三个字，几乎等于半个神仙了，这是罗贯中留下的重大影响。

相对于诸葛亮而言，罗贯中委屈了周瑜。在真实的历史中，赤壁之战那年周瑜三十四岁，诸葛亮才二十七岁，但在罗贯中的笔下，二者倒过来了，周瑜成为一个心高气傲的年轻人，而诸葛亮是老成的君子。周瑜在东吴的地位很高，他是孙策的好朋友，孙策死时弟弟孙权只有十九岁，全靠周瑜作为主要的辅助。“周郎”这个称谓，是形容他很早就有大名，而且才华绝代。苏东坡的词句中用“羽扇纶巾”形容周瑜的潇洒，这四个字后来却被罗贯中移置在诸葛亮身上。鲁肃也是江东豪杰之士，在罗贯中的笔下，他却是一位易于上当的老好人。罗贯中对后世的影响，可想而知。

关羽成为武圣，也是在历史中逐步发展而来的。论及关羽自己的能力，他是一个勇力善战的战将，很难说是一个掌握大局的帅才。他受命镇守荆州，是诸葛亮《隆中对》大战略中右手的主力；左手主力则在汉中到关中的北线，是张飞的任务；中央一线的职责应当是呼应左右，刘备派遣义子刘封镇守上庸，也就是今天的丹江口，在汉水流域的上游。关羽出兵攻取襄阳、樊城，虽然一时得利，却没有联络左线和中线呼应——右线独自出战，乃战略上极大错误。他为人自信，既看不起东吴，也看不起刘封。他抱持着个人英雄主义，一心想独立建功，所以说他的失败，很难委过于他人。只是，关羽之死确实是中了东吴的计谋，在当时也有人替他喊冤。在他死后，东吴曾经有过极大的瘟疫——一般人认为，是关羽在复仇。罗贯中在《三国演义》中描述，在首级被孙吴送给曹操后，关羽显灵，天天晚上大叫“还我头来”，一位玉泉山的老僧回问：将军要索回自己的头，五关六将的头向谁索讨？这种厉鬼的形象，大概在当时已经颇为流传。

关公地位逐渐被神化，当始于宋代追封其为公——从汉寿亭侯升了一级。到了元代他又被追封为王，明代皇室崇信道教，他已经被追封至帝的一级，成为关帝，列入天庭诸神中的最高层次。清朝没有入关以前即已崇拜关羽，称其为“关玛法”，尊为父称。努尔哈赤用《三国演义》作为军事教科书训练将领，关公的地位因此越拔越高。每一位清朝的皇帝，都会在关帝的名称上面加几个尊崇的词语，到了光绪年间，他的尊号长达二十六字：“忠义神武灵佑仁勇威显护国保民精诚绥靖翊赞宣德关圣大帝”。今天，中国民间信仰里的关公，既是道教的尊神，也是佛教的大护法（因为玉泉山的和尚已经将关公收为大伽蓝）。关公不仅号称“武圣”，地位和孔子相当，也是商家尊崇的财神。大概借关公之光，张飞在道教的神庭之中，也是一位巡游各处惩罚贪官污吏的使者。凡此转变，关公在中国庶民心目之中，地位确实崇高无比，而且和人民的生活密切相关。

既然谈到关公成神的事迹，那么另外一部小说《封神演义》，其中列举的三百六十五位尊神，在民俗信仰中俨然已经是神界官僚系统的名单。《封神演义》出现于明嘉靖年间，但是在宋代已有一些雏形，例如说书人所传唱的“武王伐纣”的话本，明人在这些话本的基础上编著小说。至于《封神演义》的作者是谁，有很多的说法，至今是以许仲琳、陆西星最为可能。这两位可能的作者都是道教人士，甚至就是道士。不论作者是谁，《封神演义》的内容的确反映了浓厚的道教信仰。在道教非常兴盛的明代，有此作品出现也不意外。

《封神演义》的内容，充满了各种各样瑰异的神怪故事。刚即位的商纣王才力非凡，有可能是位年轻有为的君王，殷商的诸侯也都是才智之士，国家可能延续已有的基础发展为盛世。但是，商纣王贪于自己的欲念，招致外面的诱惑：九天妖狐篡夺了王后的灵魂，顺着商纣王的欲念，将他的人格扭曲为昏君。可能出现的盛世，竟转变为昏君暴政的乱世。他的朝臣和外藩，有的死于谏争，有的起而反抗，导致国家发生内乱。直到西伯周文王领导反抗运动，终于将纣王推翻，建立了新的朝代。在内战过程中，有两个教派——阐教、截教——介入内战，分别拥护周、商，竟成为敌对的团体。二者本是同源，都是习道之士。阐教属于正派，其中的人物几乎全是修道人，修得了一定的道行足以斩杀邪魔；截教的人士，却是以妖精、怪物作为主体，挑战阐教的抗纣战争。以元始天尊为首的阐教、以通天教主为主的截教，有共同的教源，都是鸿钧老祖门下，而且两派之外还有一个也是鸿钧的弟子，称为太上老君。在《封神演义》之中，提到三个教派的纠缠，似乎他们既是朋友又是敌人。

在这些教派以外，还有“西方之教”和“人教”两家，在书中只是偶尔提到，似乎分别代表佛教和儒家。周人领兵的大将姜子牙是阐教的弟子，他的战友都是阐教的修道之士。惨烈的战争结束之后，周取代商建立新的王朝。姜子牙奉三教领袖之命，安置战争中双方死亡的道友，分派他们在神界的职务。三百六十五个阵亡人员，不论敌我都得到神职，就是所谓的“封神榜”。这一不分敌我一概封神的做法，其一视同仁的气度——插一句我的意见——倒有点类似美国内战后，林肯在葛底斯堡（Gettysburg）的讲演，为双方牺牲的战士们同申哀悼。神魔大战的故事在西方也有，最早的一次是两河流域古代城邦时代“埃努玛·埃利什”（Enuma Elish）的故事；在基督教已经普及的中古欧洲，但丁的《神曲》也叙述了神魔大战。在这两个传说中，失败的魔方都被打入地狱，永远不得翻身。以西方天主教传统为代表的观念，和以“封神榜”代表的中国观念，二者的区别判然可见。

《封神演义》在十六世纪中叶出现，也反映了当时明代的政治局面。嘉靖皇帝非常相信道术，他在位四十五年，只有前面十余年和朝中众臣合作治理国家，有过一段比较安定的岁月。余下三十多年，他耽迷道术，相信祈禳求福，也相信服用丹药可以延年益寿。在道教徒的要求下，他又更相信采阴补阳以及房中术。当时中国的道教大概分成三个大支派。一派是正一教，就是江西龙虎山张天师的教派，这一派相信符箓、丹药。张天师是官方指派的道教领袖，因此这一派在宫廷里面非常活跃。嘉靖帝曾经十分相信两个道士邵元节和陶仲文，前后分别任命他们担任政府的高官。他还花费大量的国家经费为道教修建各种宫观、坛庙。同时，为了经常以“青词”上奏天庭，嘉靖充分信用严嵩，严氏父子专权朝廷数十年。因为使用采阴补阳，他搜集大批青春女孩供其蹂躏侮辱。为此，宫女十余人共同谋杀皇帝——这一宫女集体弑君案，明史称为“壬寅宫变”，史所罕见！

君王如此荒唐，与正一教的助纣为虐息息相关，另外两个道教宗派（北方的全真派、湖北的武当派）都对正一教不满。这两个教派注重济众积功和养身全生，都是主张内外修行的功夫，确与正一教派的理论不同。无论《封神演义》的作者是谁，大概都是以阐教的名义，谴责助纣为虐的截教。故事中，商纣护短拒谏，被害的大臣有比干、黄飞虎等；嘉靖时，遭殃的直臣有杨继盛、海瑞、沈炼诸人。商纣昏庸，引发内忧外患；嘉靖时代，中国也是南有倭寇骚扰，北有蒙古余部犯边。《封神演义》有可能是借古讽今。

《封神演义》的故事情节，是由治乱未定陡然进入混乱，经过斗争又恢复正常的秩序，是一个既是预定的也是发展的历程。《封神演义》陈述的修道境界，最高等级的是仙，神次之，人又次之。精怪也可修到一定程度，却终究是主流之外。故事中的阐教自居正派，截教则颇多妖魔精怪，他们拥有的法宝，也比较邪门。故事主角姜子牙受命扶周灭商，他的同门

姜子牙归国封神，引自《新刻钟伯敬先生批评封神演义》，四雪草堂订本、清籁阁藏板。

师兄弟申公豹妒忌心重，四处煽动截教中的精怪出山与姜子牙作对。这一现象，在中外社会常可发生于主流人士与流外人士之间的冲突。流外之人身处边缘，努力上进却难以进入主流。他们表现的行为，往往是以狂言怪谈哗众取宠，更进一步甚至倒行逆施，但求一逞痛快。最近美国大选，就出现这一现象。《封神演义》的情节，未尝不是描述人类社会的常态。

这些封神榜的人物，有许多在今天民俗信仰中占有重要的地位，例如台湾民间信仰的“三太子”，就是封神榜里的哪吒。他本是仙真投胎成为李靖的第三子，由于性情刚烈，与东海龙王父子发生冲突，因将小龙王抽筋剖骨而犯了大罪。李靖惩罚他，哪吒愤而自杀，剔骨还父、割肉还母，从此断绝亲恩。他的灵魂飘荡无主，幸得太乙真人怜悯，摘取莲叶作为他的身体，莲藕作为他的骨骼——他因此不再有形骸，也免于毁灭。这个故事本身，在中国的一般伦理观念中，非常特殊：为了原则他可以牺牲性命，否定父母。而因为有如此不败之身，他成为所有妖魔的克星。

第二位阐教大将杨戬，本身是玉皇大帝的妹妹与凡间情郎生下的孩子，有一个不很清白的身份。但杨戬拥有神的血脉，又高于凡人。他有特殊的视力，在民俗传说里他的额头中间有第三眼，可以看透妖魔的原形（顺便一提：殷商领军抗周的忠臣太师闻仲，额上也有第三只眼，可以明辨正邪）。杨戬的这种形象，也很不寻常。哪吒、杨戬这两位大将，其形象与行为颇似脱离常轨，也正说明中国民间的理想人格，并不完全符合儒家的伦理。

在中国民俗文化中，《封神演义》更重要的价值则是在这本小说出现以后，中国民间信仰普遍根据封神榜的众神，安置了超越人间的一个神庭。到今天，大家提到东岳大帝大概一定认为是黄飞虎，即那位叛出朝廷的商代大将；一谈到科举的功名，就会想到比干担任的文曲星；财神爷必定是赵公明，他手下的四个副将，分别掌管招财进宝职务。相对于其他主要文明系统所建构的神庭，中国的神庭却是由于《封神演义》这部小说的出现，取代了以前种种类似的神庭的安排。这部小说在民俗信仰中的地位，可想而知。

神魔大战的主题，始于中东。在本书宗教一章，我曾经提起波斯祆教二元世界的历史背景，是在中东地区。光明与黑暗、生命与死亡，种种的对立，经过混沌进入斗争，然后达到永恒的和谐。这三世的安排，开启了中东和中亚普遍存在的启示性信仰。经过佛教的转介，启示信仰和救赎的观念进入中国。在中国，这三个阶段的变化被称为劫数。混乱的存在必须解脱，要经由毁灭才能回归秩序。《封神演义》似乎正是表达如此的神学观念。故事中那些教主，鸿钧、元始、太上等，都代表着开始的时期。西方的诸佛，如准提菩萨，据柳存仁的研究，乃观音的前身、救赎的象征；燃灯古佛，则无疑是来源于祆教的光明之神。经过这些神佛的安排，从一个混沌的开始，又经过欲望和诱惑，才有斗争，然后方能产生秩序。

《封神演义》第十五回，正是宣示应该建立的秩序，也是全书的主旨：

话说昆仑山玉虚宫掌阐教道法元始天尊因门下十二弟子犯了红尘之厄，杀罚临身，故此闭宫止讲；又因昊天上帝命仙首十二称臣；故此三教并谈，乃阐教、截教、人道三等，共编成三百六十五位成神，又分八部：上四部雷、火、瘟、斗，下四部群星列宿、三山五岳、布雨兴云、善恶之神。此时成汤合灭，周室当兴；又逢神仙犯戒，元始封神，姜子牙享将相之福，恰逢其数，非是偶然。所以“五百年有王者起，其间必有名世者”，正此之故。

第九十九回“姜子牙封神”呼应前言，交代了结局：

太上无极混元教主元始天尊敕曰：呜呼！仙凡路回，非厚培根行岂能通；神鬼途分，岂谄媚奸邪所觊窃。纵服气炼形于岛屿，未曾斩却三尸，终归五百年后之劫；总抱真守一于玄关，若未超脱阳神，难赴三千瑶池之约。故尔等虽闻至道，未证菩提。有心自修持，贪痴未脱；有身已入圣，嗔怒难除。须至往愆累积，劫运相寻。或托凡躯而尽忠报国；或因嗔怒而自惹灾尤。生死轮回，

> 循环无已；业冤相逐，转报无休。吾甚悯焉！怜尔等身从锋刃，日沉沦于苦海，心虽忠荩，每飘泊而无依。特命姜尚依劫运之轻重，循资品之高下，封尔等为八部正神，分掌各司，按布周天，纠察人间善恶，检举三界功行。祸福自尔等施行，生死从今超脱，有功之日，循序而迁。尔等其恪守弘规，毋肆私妄，自惹愆尤，以贻伊戚，永膺宝箓，常握丝纶。故兹尔敕，尔其钦哉！

第九十九回这一段话，是全书的总结，其中的观念合并了佛教与道教的词汇与理念。一位修道者，可以从人身开始，甚至也可以从兽身开始，逐步提升自己的境界。这个艰难的过程，中途会遭遇许多的诱惑，其主要者则是贪、痴、嗔、怒。佛教思想中所认为的苦厄，除了生、老、病、死，就是怨憎会、爱别离、求不得和五阴炽盛，这正是上面四个字“贪、痴、嗔、怒”的原始出处。这些人被封为神的使者，必须要经过兵灾的解脱，才能够历劫而得到提升。最后，一个宇宙秩序建立，总管天人，有八部正神分司管理——这才是混沌转入和谐的世界。因此，《封神演义》反映的思想，是佛、道的综合，也将儒家文官体系的观念发展为神庭的系统。这部演义小说在我看来，毋宁是表现三教混合的神学思想。一般读者，只是拿《封神演义》当神怪小说来看待，有些文学史家，以为《封神演义》只是影射明代嘉靖时期的混乱时局。我则以为，上述神怪和影射两个层次的解释以上，作者也有建构一套三教新神学系统的企图。

下一部小说，则是众人熟悉的《西游记》。这部小说根源当然是借用三藏法师玄奘西去求经的事迹，然而真正的玄奘西游记载里却没有小说里的神怪故事：玄奘弟子辩机写的是《大唐西域记》，另一本则是慧立、彦悰写的《大慈恩寺三藏法师传》，这两本书里都没有神怪故事。可是，后世逐渐出现与玄奘法师有关的民俗传说，才有一些片段的神话，其数量其实不多，也并不能连缀成长篇。在宋代，民间的说唱活动盛行，若干情节才逐渐被扩大。这些零碎的故事，终于在明代被纳入小说《西游记》之中。

这部书的著作时间也在明代，作者究竟是谁，有过相当多的纷争，不过现在大概落实为吴承恩，它产生的年代稍晚于前面讲的《封神演义》。《封神演义》里面的神佛名字和形象，颇多出现于《西游记》，显然后者接受前者的影响。吴承恩与《封神演义》的作者之间有无交流，则不得而知。然而，这两部书的共同之处，他们都毋宁是宗教性的寓言，都有相当程度的宗教观点。只是，《封神演义》的宗教观念以道教为主；西游记的观点，自从陈元之为世德堂本《西游记》所作《西游记序》以下，就有不同的主张：有人解释为道教作品，有人认为体现的是佛教教义，也有人以为是三教合流的寓言。故人余国藩翻译《西游记》为英文，书名是*Journey to the West*。他是一位神学教授，基本的训练是基督教的神学，从此角度讨论佛道，又掺杂了一些基督神学的观念。我们二人是老朋友,宗教观念彼此并不完全一致。可是,我们都认为,《西游记》包含的讯息相当复杂,应是多源的宗教思想。

《西游记》的故事,以孙悟空为主角,一般读者都非常熟悉这位泼猴以及他大闹天宫的故事,细节便不赘述了。我想开宗明义,就交代孙悟空的来源。这一只石猴,其来历是宇宙成形时剩下的一块顽石。这就意味着,孙悟空本身是与宇宙同质的。他可以是宇宙的一部分,但他也是从宇宙中切出来的一部分(请注意,《红楼梦》中的宝玉,其来历也是这块顽石)。石猴成了精,他学艺的地方,是灵台方寸山斜月三星洞的老祖师须菩提(佛教释迦牟尼的大弟子)。灵台方寸是“心”,三星斜月就是“心”的字形。这一出身的解释,很显著的标示主题:灵猴就是心,也就是你我众人之心。(美国著名的电影《星球大战》,其中教导两个主角的祖师,也是一个外貌不起眼的尤达大师,也住在洞穴之中。)

孙悟空从祖师学道,须菩提祖师给他若干选择:如果他有兴趣学“术派”“流派”功夫,那就是儒家、墨家等种种人间的学问,孙悟空说不愿意;又让他选择“动派”和“静派”,两者都是道教的功夫,他也不愿意;最后,祖师提出佛教,他才觉得这是应该学习的功夫。令人不解之处在于,须菩提祖师交代的诗句,却又是陈述道教的道理。在悟空告别时,祖师警告:必须戒备每五百年一次的劫数,天风、阴风和赑风,都可能令修道之士形销身灭。三风有各自独有的性质:天风起于身外;阴风出自体内,由下而上,当是欲念引起;

最暴烈的飚风则发自体内，由上而下，源头乃在心神，如果不能约束，所导致的灾害不可收拾。三劫的观念佛、道都有，只是阴风与飚风均是循体内穴道毁伤身体，这就是道教的理论了。

后来，孙悟空遇见观音时，观音特别提醒他，学习功夫应当注意“六贼”：“一个唤作眼看喜，一个唤作耳听怒，一个唤作鼻嗅爱，一个唤作舌尝思，一个唤作意见欲，一个唤作身本忧。”这六个项目，正是《心经》的六色感官所及。禅宗佛教特别标明应当防止的项目是：怨憎会、爱别离、求不得，由此引起喜、怒、哀、乐。人要克服这些心情上的诱惑和障碍，才能得到解脱和自由。《西游记》第十九回里悟空收服八戒，亦即西行才刚上路，观音叮嘱他常念《心经》，而且列举经书全文。这更是表明西行大要，即体会“色即是空”“心无罣碍”的要义。这一《心经》在后文不断出现，全书思想以佛教为主，显然可见。

整部《西游记》，唐僧师徒西行路上所遭遇的，也就不外乎傲慢、食欲、色欲、怒气、怨恨等。许多的妖魔，也就只是这些情绪困扰的化身。例如，他们碰到一个很大的劫难就是火焰山，此处的“火”，其实就是怒气和暴烈之火。唐僧屡次遭遇色诱，盘丝洞的蜘蛛、陷空山的老鼠都是以女色引诱。孙悟空和猪八戒，经常是既合作又冲突——猪八戒代表的是食和色两种欲望，而孙悟空在被观音制伏后，他额上的紧箍咒，时时刻刻提醒他不要让心放纵。金公和木母之间的冲突，五行的相克是金克木，也就是以金（心）克木（欲）。凡此“密码”，都是陈述禅宗信仰中，将心放开的基本原则。我以为，《西游记》所传达的宗教信仰大概是佛教为主，道教居于次要地位。

孙悟空学到种种高强武艺，也有七十二般变化的能耐。他辞别祖师下山，不知该到何处去，却找到了花果山，成为众猴之王。他和他的众猴都是似人而非人，却要向人求得平等。在寻求武器时，他大闹东海龙王的龙宫，取得了定海神针——那是大禹治水留下来的一件遗物。这件武器，和他自己是与天地同寿的顽石一样，都具有宇宙一体的意义。这时候，他才标出“齐天大圣”的旗号，直接向天庭上的玉帝挑战。他大闹天宫所向无敌，这一段闹天宫的故事，处处指明了天庭治理系统的颟顸糊涂，以及天神、天将的无能。最后能打败他的，却是二郎神（封神榜的杨戬）和他的哮天犬。

这一反讽的意义非常明显：如此庄严的天庭，实际上不配和石猴对抗。明代的政治，在历代主要王朝之中的确不好，尤其皇帝和皇帝周围的近臣，人品、能耐颇多不堪。大闹天宫的故事，就是揭露看上去庄严的朝廷威严的真相。帮助天庭制伏灵猴的众神，包括太上老君和佛祖，也都是仗着势力在欺骗他。这一番讽刺，也毋宁是直接指责替皇权帮凶的官僚和佛、道法术之士。大闹天宫的批判性，不容忽视。

在西游求经以前，灵猴被压在大山之下，观音给他的任务是等待求经的唐三藏，而且授予三藏控制灵猴的诀窍“定心真言”，又名作“紧箍儿咒”。这些情节，毋宁是指向怎么控制自己的心，不能任性、任意、自我放任。一位以慈悲为怀的观音，却让灵猴上这样的圈套，其中也有反讽的意义。当然，我们也可以解释为：因为慈悲为怀，所以才让他约束自己的心态，不任其放肆。须菩提祖师给予悟空的法号，明明就是心经的“色即是空”——悟觉一切都是空虚。这就点明了，在佛、道两家皆有求“悟”与求“空”。

西行路上种种的灾难，从表面上看来，只是玄奘西去求经的途上，曾经在沙漠之中幻觉里的种种邪魔妖怪。然而，真实的意义则是在“心”的求解放的历程上，必须面临种种的诱惑。唐僧同行的人物，悟空是“心”，白龙马是“意”，心猿意马反过来就是在强调心要去的方向，和意自己走的方向，必须互相配合。唐僧是智慧的象征，或者是虔诚求道的象征；他不能放任意之所向，必须要有心来驾驭。猪八戒法号“悟能”，本身是一个因为被“欲”诱惑，从天庭堕落为猪身的天蓬元帅。他的能耐也不小，至少有三十六般变化，而且身强力壮。在西行道上，他的功夫却不在正面，反而惹是生非，带来许多麻烦。如前所述，那些麻烦不是色欲就是食欲，再不然就是逞强好胜的欲望。猪八戒经常说小话，在背后迷惑唐僧、糟蹋孙悟空：这是一个典型的小人。可是，他有他特别的“能”，能也必须由心驾驭，才能配合“智慧”想要走的方向，完成求道的任务。沙和尚法号“悟净”，原是天庭的卷帘大将，犯了小错被贬入流沙河，等待唐僧西去途上收其为伙伴。这一行五众之中，沙悟净最没有特色，然而挑担追随，一切供给都在他肩上。“净”代表清净，是水的象征。也只有净，心才能够无所牵绊，智才可以前进无碍。

这一路行程，经过了许多灾难，到了将近完成的后半段，唐僧五众遭遇了最严重的几次灾难：牛魔王夫妇火焰山，狮头岭上三魔的挡路，然后是牛魔王的儿子红孩儿阻拦。这几次对他们的考验非常严重，每一次都要劳动佛教中的如来、观音等重要人物出面干预。火焰山的大火，只有牛魔王的妻子罗刹女持有的芭蕉扇才能扑灭。风和火之间的关系，如果按照印度的观念，风既可以灭火也可以扇火，是可以抵消也可以互济的关系。孙悟空号为金猴，在中国五行的观念里，火可以胜金，这火焰山的试验，对于心猿几乎是过不去的难关。直到观音手下的龙女带来了水，才将火灭掉。

狮驼岭下的三魔，一个是文殊菩萨的坐骑青狮，一个是普贤菩萨的坐骑六牙白象，最厉害的则是如来佛背后的大鹏金翅鸟。文殊、普贤是如来佛的左右胁侍菩萨：文殊代表智慧，他手中的利剑和青狮的狮吼都如当头棒喝，可以斩断世间情欲；普贤代表戒律，白象的六牙象征了六种必须要注意的规矩和约束。智慧和戒律，都是修道人必须具有的修养，然而这两者都可能过犹不及：智慧过头是放诞，戒律过头是迂执。这二位菩萨的坐骑，也就象征着过犹不及处，可以损害修道人的修行。大鹏金翅鸟来历非凡，他是如来的大护法，无所不见、无所不及。因此，他飞行的速度，可以远超过孙悟空的筋斗云。然而，太快、太急也是修道人自修的禁忌，这三个巨魔象征的意义，在我看来就是对于孙悟空的警惕——过犹不及，即使最好的行为，做过了头也会造成灾害。至于为什么这三魔会在西行路上出现？我们可以解释为佛祖对唐僧五众的试验，也可以解释为提醒任何修道人，凡事不能做过头，必须有所约束、有所警惕。

红孩儿来历非凡，他是风和火结合的孩子。如上所说，印度四元素——动的风、火与静的地、水，两者各自互济，而风和火都在动方。红孩儿是个孩童的形象，一身红色童装，装扮很像封神故事里面的哪吒。孙悟空个儿不大，与小男孩的体型相差不远，只是一副猴相，恰好与红孩儿的俊秀形成对比。红孩儿的特色是好强斗胜，这也是孙悟空不受约束的一面。观音出手降伏红孩儿，也是用了金箍圈，一套五圈分别套住头顶和四肢，才收他为座下的善财童子，与龙女常在左右。套住红孩儿的金箍圈和孙悟空的紧箍圈，都以“定心神咒”来约束。由于这些对比，我才觉得他们二人是一个对照面—— 这两次的大试验，主要也是佛教“收心”的意义。

经过了这些灾难，《西游记》有一章是在寇员外庄上遭贼的事情。这一件事，在《西游记》中显得有点突兀：那些小贼没有什么能耐，就是进门抢劫而已。可是，寇员外这一章节，却占了不少篇幅。我以为此处特别交代，小贼可能隐射《心经》中的六“色”。在孙悟空遇见乌巢禅师以后，观音菩萨授悟空《心经》，其中提到的“无眼耳鼻舌身意，无色身香味触法”，就是心经中的“六贼”，其事很小，但后果可以很大。

《西游记》八十五回三藏与悟空有一段对话。悟空跟师父提起四句颂子：“佛在灵山莫远求，灵山只在汝心头。人人有个灵山塔，好向灵山塔下修。”他又提醒师父，修心的道理：“心净孤明独照，心存万境皆清。差错些儿成懈怠，千年万载不成功。但要一片志诚，雷音只在眼下。”果然，到了灵山，却又碰到牢狱之灾。八百里之外便是灵山，唐僧即将圆满，妖魔鬼怪尽除。这时候，他们要注意的乃是禅宗修炼“破三关”之说：第一关破本参，指开悟；第二关破重关，指见性；第三关破牢关，是证道。唯破此关，方能成佛。唐僧即将成佛还遭遇牢狱之灾，不过是点明这一个大的关键。

西行将近完成，在通天河上凌云渡头，唐僧五众遭遇又一次重要的提升：“那佛祖轻轻用力撑开，只见上溜头泱下一个死尸。长老见了大惊。行者笑道：‘师父莫怕，那个原来是你。’八戒也道：‘是你！是你！’沙僧拍着手，也道：‘是你！是你！’那撑船的打着号子，也说：‘那是你！可贺！可贺！’他们三人，也一齐声相和。撑着船，不一时稳稳当当地过了凌云仙渡。三藏才转身，轻轻地跳上彼岸。”书中赞语：“脱却胎胞骨肉身，相亲相爱是元神。今朝行满方成佛，洗净当年六六尘。”于是，结论就是：“猿熟马驯：此诚所谓广大智慧，登彼岸无极之法。”

猿熟马驯方脱壳，引自《李卓吾先生批评西游记》，明代刻本，日本内阁文库藏。

经过死亡这一道关口，一切解脱，他们终于到了灵山的境界。如来鉴于唐僧远道求经的诚意，也心喜他们能够通过重重关口的试验，允许给他们真经带回东土。主管经籍的阿傩问他们，给你无字的经好吗？唐僧回话：我远道求经，就是希望拿文字经带回东土，如果带回无字经，又有何用？阿傩把经籍给了他们。可是，中途他们发现经书空白无字，回来再次求经，阿傩才交付有字真经。这一段"有字""无字"的差别，是禅宗很重要的譬喻：无字的，是自己体会的经典；有字的，是前人传述的经典。真正的要义，必须经由自己体会而来。同时，《金刚经》也说过："以色相见我，音声求我，不得见如来。"色相、音声与文字，都是一个介体，而非本义。也因此，禅宗六祖慧能著名的偈子："本来无一物，何处着尘埃？"这些理念其实佛、道互通，老子道德经也说过："道可道，非常道，名可名，非常名。"

在前面几段，我屡次提起这个问题：《西游记》表达的宗教观念究竟是佛教还是道教？我的结论是，一方面，在吴承恩所处的时代，中国的道教有符箓和丹鼎两派，符箓的正一派迎合皇室和权贵的喜好，主张借用神力求得长生，也借用神力排除灾害。丹鼎的全真派却是以炼内丹，也就是运用特定的方式在自己内部修炼，以提升道行。另一方面，唐宋的许多佛教宗派，都已经隐入学术范畴，唯有禅宗、律宗和净土宗三家鼎立。禅宗的教义和道教内丹派的全真教的信仰，其实颇可互相呼应。《西游记》中所谈的一些道教观念，尤其使用的名词，姹女、婴儿、元神等，都是内丹派的名词。姹女、婴儿并不是真正身外之物，婴儿乃意指人身的纯阳，姹女则是指真阴。阴阳二元必须互相配合，二者互助、互济也互补，才能养成“元神”，也就是真正的自己。至于五行之说，在西游之中表现为金公、木母，则是以心制伏欲。唐僧他们五个角色，颇有读者设法将他们分别认定为五行之一，可是都不能妥当分配。《西游记》整体而言，悟空的师父须菩提应当是佛教人物，可是传授的诗句却是道教的；经过乌巢和观音，孙悟空才受到了《心经》的约束。

在《西游记》中，玉皇大帝的天庭并不庄严，只有装腔作势的官僚系统。太上老君是玉皇大帝之外的另一系统，如来、观音又是道教以外的另一套系统。这两大系统，却独立于玉皇大帝的神庭之外。如前面所说，《封神榜》中玉皇大帝的天庭属于道教，将宇宙之间一切事物都分配给道教的神统管理。将佛、道两个神统对比，《西游记》显然是尊重佛统的程度大于道统。

综合言之，我同意余国藩的意见：《西游记》是“心”的历程（我的第一本散文集命名为“心路历程”，余光中为我取了英文书名 *The Journey Within*，当时只是借用“天路历程”，无关《西游记》。现在想想，倒可真能用于《西游记》）。从余国藩的结论稍作修正：西游记是佛教禅宗的寓言，可是加上了当时流行的道教内丹派的一些观念；如此配合，也正因为禅宗和全真之间，不仅有许多理念是互通的，而且全真派的形成，可能接受了相当成分的禅宗影响。再者，王阳明的心学中禅味甚浓。《西游记》没有提起王阳明，可是儒、道、佛三家的合流，却真正是近世中国思想的重要特色。

回顾本章，我罗列了四部通俗小说，作为中国人心灵世界的影照。这四部书的联系，也未尝没有时间轴上的连续和变化。施耐庵的《水浒传》，写作时间正在元明之际，蒙古征服中国后，经历了文化大劫；继之而来的是明代专制，现实的世界是暴力构成的统治。施耐庵要创造一个理想的秩序，让那些被压在下层的人物可以翻身，改变应有的秩序。但是，事与愿违，梁山的世界并不如此美好，一样也有许多欺骗、计谋、暴力等因素。于是，创造这个理想世界的努力，不能不终结为梁山大梦的破灭——只有鲁智深逃到世外、李俊逃到海外，燕青云游不知所终。

《三国演义》则是借着汉末天翻地覆、国家分裂的时代，勾画成两种极端的形态：正统人物和篡位者。正统的人物，特别标出关羽的义勇和诸葛亮的智慧；而他们的对照面，则是董卓、曹操这些人物——以奸诈对照义勇，以欺骗对照智慧。《三国演义》留下的关公和诸葛亮，竟因为这部小说成为永久不朽的神人。贯穿整部《三国演义》的精神，是强调“义”——自己选择的人际关系，而不是因为既有的社会地位和伦理。不过，读《三国演义》有时也难免产生疑问：刘、关、张的交情，何以如此缺少默契，以致关公威震中原的大举动，没有取得刘、张的配合？诸葛亮见大事如此清楚，何以没有培养班底，以致事无巨细一肩担起，终于鞠躬尽瘁，累死了自己？

第三部书《封神演义》，却是勾勒神、魔两个世界。神、魔两股力量却是同源，神、魔之间的对抗，都借着死亡取得解脱，将互斗时期的种种恩怨，化解为宇宙秩序中各种事物的排列，以及其中的互相关联。神界的官僚系统，或可象征宇宙事物应当是个整体；因此，神与魔之间，最后终于恩怨尽了，共同纳入一个彼此依赖的网络。

第四部书《西游记》，接着封神榜故事的观念，却将宇宙秩序内转为心的世界。“心”作为人精神的主体，必须经历种种关口，在试验之中不断自我克服，进而提升境界，能够超越感官与意识之间的烦恼，经过悟解“色”“空”无别，到达“不生不灭，不垢不净，不增不减……心无罣碍，无罣碍故，无有恐怖，远离颠倒梦想，究竟涅槃”。西行路上八十一难，都是自己内心的业障。历经这八十一难，也就是终于排除自我引起的烦恼：这一个“心路历程”，大概也代表了中国儒、道、佛三家逐渐融合，取得共识的过程。

这四部小说串成系列，似乎可以想象为人类理想境界悲喜剧的四段乐章：水浒是由“聚义”结合为一个理想人间，其间的尝试和破灭令人唏嘘；三国是挑选“义”这个字，塑造为几个典型人物，他们功业未成，却留下理想人格千古彪炳；封神是对于善与恶、成与败种种对立和斗争，提出辩证过程的对抗、超越和解脱，最终出现共存的和谐；最后，西游竟将人间的许多艰难困苦，内化为人类内心的挣扎，由认识欲望到克服欲望、提升自我，终于悟解一切俱空而得到自由。因此，这项小说的串联，谱成了既悲又喜的人生心路。

这些作者都不是大儒、高僧，也不是当时知名的大人物。由于作品的内容丰富，情节热闹，人物鲜明，数百年来无数读者都被吸引。他们传达的一些观念，也就不知不觉潜入读者的内心。于是，闾里乡村街谈巷议的场合，姜太公、诸葛亮、关公、武松、三太子、孙悟空……俨然百姓心目中的英雄。玉皇、东岳、观音以及封神榜的众神，构成主宰我们生活的神庭。市井江湖，也以“义气”为人际交往的要件，以“良心”为做人处世的根本。这些作品未必来自民间，却已融入民间，构成中国民间文化的重要部分。

后言

中国文化的新生

本书将近完成之时，恰是美国大选。这次选举的过程以及后果，充分显示美国的民主制度和自由思想，都面临极大的危机。选出来的新总统，是以情绪化的感受为依据，提出排外、闭关以及不顾穷人生活的独断决策。美国两百多年的民主制度，强调人权、个人自由以及族群平等。大家向来相信，这一代议政治即使不是完美的体制，较之帝制和独裁而言还是比较公平而安全的政治制度。然而，这一次的选举使世人吃惊，有这么多的选民，却选出这么一个民粹主义的领袖。这次选举中的民粹主义非常显著，选民只顾一己私利，公平、正义等更为宏大的价值，竟已不在他们的关怀之内。这些毛病之所以产生，根源乃是西方文明长期建立在个人主义和物质利益之上。

在这次选举以前，美国已经有将近十五年在经济方面不断发生激烈的起伏。几次重大灾难，都是由于企业界和金融界不顾信誉，也不顾市场的整体利益，以其私利为主，甚至不惜造假，也不惜掩盖错误。现代资本主义建立在“信用”二字的基础之上，如果信用不存在，所有的证券、权状以及借贷，都将成为欺骗的工具。

据韦伯的解释：现代资本主义与新教伦理之间的关系是，个人的成功是彰显上帝的恩惠。现代经济发展，曾经造就不少成功的企业家，他们致富后，颇能将财富回馈社会。可惜现代资本主义行之已久，当初新教信仰提供的精神力量已经淡化，追逐私利的动机日趋强烈，已经没有东西可以约束它。如此情况，很难再有回头的机缘了。

西方文明是现代文明的基础，现代世界经济繁荣、物质充沛，是运用资本主义的自利观念，启动人人努力的动机。不幸之处在于，正是图利之心太过，致使人们的贪欲无穷膨胀，以致富者愈富，穷者愈穷。今日美国财富集中，最富有的百分之一的人口，拥有全国财富的一半；而最穷困的百分之三十的人口，都活在贫穷线下方。如此不公平的财富分布格局，早晚会引发动乱。现代文明的“经济”一环，就必定会出现问题。美国民主制度之下的问题，在2016选举中尤为显著：富人以金钱操纵媒体，媒体进而影响乃至操作舆论，于是出现钞票决定选票、财富左右政治的现象，终于出现了“美利坚分裂国”（DSA），不再是“美利坚合众国”（USA）。

现代文明的另一支柱，是工业化生产。这一体制，一方面依赖资本主义的市场，集合资金以分销产品。现代的工业生产，又依赖科学技术的突飞猛进——尤其最近半个世纪，数字和网络的技术，对于生产效率的提升以及讯息传播的效率，影响非常巨大而深远。然而，大规模生产方式往往竭泽而渔，大自然遂被榨取尽空。人们的日常生活力求舒适，进而违背自然规律强行改造生态，宇宙间的种种均衡，也就处处受到干扰。另一方面，这些技术逐步发展出人工智能和机器人，也就是将生产甚至思考的工作，都从工人手里夺去，委之于机器。目前已经看出来这种趋势：将来的工人，已经不是中小学程度的教育可以培育，更不是体力工作者可以担任。大量劳工阶层的人口，两百年来都是居于社会底层。这些无法担任高科技劳动工作的一般人口失业后，将如何安置？

数字化和互联网技术，使人与人之间的距离日益缩短，所谓天涯若比邻。可是，与之同时出现的却是我们周围举目无亲，越来越孤独。人与人之间的疏离，在都市生活中已经明白显示，却是比邻若天涯。现在，无论是城居还是乡居，社区的关系都非常淡薄，个人与个人之间也很难构成亲密的社群。甚至，因为每个人的工作流动性，以及交通方便所致，人们的工作机会日益分散，个人的确已经很难有所归属。人与人之间的独立，已经影响到家庭制度，甚至影响到婚姻制度。许多散漫的个人无所归属，他们不会彼此关心。他们工作和努力的目标，将回归于饮食男女这些最原始、最直接的欲望。从这些角度看来，现代科技增加了我们生活的资源，也因此使每个人的生活都比过去优越、舒服。人们为这种生活所付出的代价，则如上所说：人失去了方向，也失去了归属。

现代文明的改变非常迅速，可谓日新月异——我们可以抛弃过去，当然更不用顾及传统。由于每个人的生活只在乎今日，而且家庭生活已经淡薄，人对于“身后”以及“子孙”这些问题，都可以不必在意。于是，每个人的生活只顾着今天——既不必怀念过去，也不必关心未来。时间的延“线”，终于只成了当下的一“点”。

从两个角度看：个人的疏离，切断了人与人之间的纽带；只顾今日，切断了时间上的连续。人本来是一个合群的动物，可是今天，我们变成许多孤独的个人。面对复杂的社会、公权力极端强大的国家，这些孤独的个人将只是国家与社会之下的蝼蚁。我们面向太空开拓，可是我们保不住自己地球上的资源。我们有大量的货品可以消费，但是我们管不住自己的欲望。

“进步”两字，使我们只想进展不想保存，更不知道爱惜资源。以这个趋向走下去，曾经是人类福祉的现代文明，将变成人类的诅咒。诅咒的符号已经出现了：大国与大国之间，以核弹相威吓；宗教极端分子的恐怖活动，则是弱者对于强者无望的反抗——两者都是同归于尽的姿态。现代文明发展经历了三百多年，到今天，我们不能不思考：这个文明的未来，究竟怎么样？

本书前言曾经特别提到，以基督新教理想建构的现代文明，其个人的位置，本来可以经由上帝的恩典互相结合为人类的整体，同样蒙受神恩的眷顾。而在现代文明的科学部分，上帝的位置逐渐被数理结构排除。个人与个人之间，失去了神恩作为联结点，个人散漫于各处无所联系。唯“利”是念，人人争利，人跟人之间只有利益冲突而难有和谐共存。当今人类社会贫富悬殊，遍布不公不义却无所匡救，人类又与禽兽何异？

三四百年来，欧洲经历了长期的变化，在基督教信仰的庇护之下，发展了资本主义和现代科学，终于成为世界上最强大的一支文化力量。西方文明，逐步席卷世界。基督教文明压制了伊斯兰世界，也击败了东方文明的中国和印度。现代文明的支柱，如前文所说，是资本主义和民主政治，加上对现代科学的追寻。在西方力量主宰全世界时，现代的世界文明，无条件地接受了西方文明带来的文明基因。成也萧何，败也萧何，西方文明带来了现代人类生活的一切，可是也带来了独断精神和个人主义。如本章前面所说，现代文明的困境，也就种因于这些文化基因。

也不过是十五二十年以前，美国的政治学者福山曾经撰文，宣称世界的文明已经走到几乎完美的地步。尤其民主政治和个人自由，将来只需要一些小型修正，历史已经到了终点站。言犹在耳，这十来年，从“9·11”开始到今天，世界的动荡和变化，似乎更肯定了福山的老师亨廷顿的话：文明与文明之间，将爆发极大的冲突。我们今天知道，历史不会终结，历史将永远发展。最近福山改变了他的理论，几乎认为近来中国的崛起，竟可归诸中国有一个强大的政府。我以为，他又一次说过了头。

这二三十年来，“普世价值”这一名词，成为常用的口号，以彰显英美式的人权观念和民主政治。的确，我们在前面说过，现代的民主政治以及个人主义有它的优点，可也并未到完美的地步。美利坚合众国成立的时候，托克维尔已经指出，美国立国的理想和建构的制度，可能最终会像希腊城邦曾经经历的转变一样，逐渐变质以至完全背离了本义。现在看来，他的预言似乎正在出现。

宇宙永远在变动，人类的世界也永远在变动，既没有永恒的真理，也没有普世的规则。这一切信念，都必须建立在“适当”的条件下。而且，任何事物的发展都是过犹不及：“不及”是没做到，“过”则是超越了其应有的限度，或是在量的方面过分，或是随着时间的发展而自恃完美、不容改变，其后果都是僵化。

世界上的人类，各因其自然环境和族群间的接触，具有了许多不同的条件，也因此取得了多种的文化基因，各自发展为独特的文明体系。人类的经验是多方面的，也是多样化的，人类不必自我拘束，只跟着一条轨道行走。在今日，全球化的大浪潮下，被西方文明压倒的许多其他文明体系，都还有其可贵之处，值得大家再思考，作为矫正和补足现代文明困境的思想资源。今日世界，伊斯兰文明有与基督教文明有同样的缺陷：独断。印度文明已经衰微，而且内部阶级过度分化，很难真正做到当年佛教坚持的众生平等。在世界几个复杂的文明系统之中，中国文明有其非常独特的发展过程，也形成了相当可观的文明特质。敝帚自珍，除了中国文明系统，也就没太多可以选择的经验了。许多中国历史上的经验，在西潮涌来时已被搁在一边。在本书讨论的各种现象看来，那些经验也许在西化的文化精英层次，他们已经引入过去。然而，在民间保存的世俗文化之中，过去的一些淀积，似乎并没有完全丧失。本书检讨这些储存在民间的文化因素，正是希望这些中国文化的遗留，还可以重新阐释，作为今天重建世界文化的参考。

中国的宇宙秩序是多元互动，有五行的相生相克，也有阴和阳二元的相背、对偶。在《易经》之中，变化不断地进行，任何变化都会引起更多的其他变化，宇宙间是在永远寻求均衡。凡此特色，与其说是仰望上帝神圣的主宰，毋宁说是依靠自己的努力，在一个大系统内追求永恒的平衡。衡态是一个追寻的目标，然而衡态不能停留，一切状态都只是过程的一个逗点。这种境界的设想，遂与欧美完美宇宙的构想有很大的不同。以上两种中国的传统理念，渗透于中国人的生活，无论是饮食、医药、居住的“风水”观念，还是人立身处世的心态，都反映了上面这两段所说的宇宙论和知识论。

在时间观念方面，西方文明聚焦于当下此时，中国人选择了过去、现在、未来无始无终的延续。中国人的生命观，也并不是将生和死割裂为两截：生和死是连续的，也只有将一代代的生命连成一串，才能慎终追远，将个体的生命纳入群体的生命，从而超越个人的生命。在这种意义下，个人的死亡只是生的转换。在中国人的观念里，整体的生命是两条线：一条是对生命延续的盼望，一条是对于过去岁月的忆念——两者是平行的长流。于是，在中国理念中，死后境界是死前生活的延续；生前具有的一些人际关系，在死后照旧延续。这两条并行线就是生命和死亡，将现在与过去交织在一起，二者永远平行却纠缠不断。这一形式，与欧美文化传统观念有很大的差距。

如前面所说，中国人强调天人之际、互相感应。于是，中国人对自然有一种特殊的亲密感。在农耕的生活形态下，春耕、夏种、秋收、冬藏，无不与季节的变化密切配合。在空间方面，农耕的聚落和牧人的部落不同，农耕生活的聚落代代相传，生老病死都在这一个村落或是城镇内。人们安土重迁，聚落周围的环境，山河林野都与自己生活永远融合为一。自然界的时空是个有情的宇宙，在中国人的生活里，自然时空不是外在，而是与自身彼此融合的一个整体。这一特点，与欧美将自然与人分为对立的主客二元有根本上的差异。

自然界的山川大地和各种生物，在中国人的理念中，无不有情。山神、水神、树精、物妖，无不是我们人类生活的影射。

这是中国自然崇拜的一部分：神祇和精怪，无不与人相通；神异境界的力量，与人之间的生活互相渗透。因此，自然力量转化的山神、水神，可以渗入人间。一切众生，人类对他们都心存感激。成妖作怪的精灵，也可以转化为人形，进入人类生活。人与自然之间的交错和融合，实际上是经过人类理念、心智的投射，将自然人格化：人终究还是一切的主体。中国人的美学，无论在文学或是艺术方面，也是有情的体会。对于自然的感受和感受的表现形式，都是亲密的、互动的。自然和人间不是对立的二元，而是纠缠融合、无法切割。中国的山水画之中，人是走入自然，而不是站在自然外面睇视画中的对象。在世界各种文字的诗词中，景物拟人处处有之，但在中国文学尤其是诗词之中，几乎没有一种自然事物不是以人的情感或面貌出现。

人对于其他人，在儒家的理念中，群己之间的伦理，乃是推己及人、由近及远。这种结构如同一个同心圆：修己之后，最后的终极境界则是安民，然后安天下。人我同胞、物我与也，人的同情和亲密，可以伸展到人类以外的世界。在纵向的时间轴上，慎终追远，自己只是长程延续的一个联结点；继往开来，下面还要延伸到子子孙孙。然而，这一点非常重要，没有自己的存在，广宇长宙的时空网络也就不存在了。

人对未来，难免憧憬更好的境界，假如以《礼运·大同》的“小康”“大同”之说而论：大同的世界很难达到，但是儒家却将大同先假定为过去曾经存在的状态，也是我们求其再现、悬为一个努力的目标。本书曾经陈述旧日无锡的民间社会，大家合力办理社区福利、照顾贫寒老弱，即是以“推己及人”的方式实现群与己的延续。今日台湾民间信仰，努力推动信众嘘濡湿沫、扶携互助，也是基于同样推己及人的理念。

设想一个美好的人间，是全人类共同的梦想。欧美人的想法，是曾经存在于人类还没离开伊甸园之时，也存在于世界终结裁判之后，上帝允诺我们再回到的无穷的美好。在中东祆教、摩尼教的构想中，则是善恶二元的斗争，到最后善克服了恶成为永远的光明。在印度的佛教传统，“净土”可以是一个遥远西方的某处海外天地，而更可能是等待弥勒佛回来，为我们设定一个极乐世界。在近代的社会进化论上，憧憬着未来必定会到达的一个没有阶级、也没有贫富的社会。对完美世界的种种理想，都只悬为我们努力的目标。

中国人的大同之梦，与其他各处的想法基本上差别不大，只是中国人盼望到达这个境界的途径，并不经过不断地斗争，而是不断地自我提升。这种对于另外一个世界的憧憬，在民俗宗教之中，表现为“三劫”的观念：过去、现在、未来。只是，在摩尼教未来之世，是光明的全胜；在佛家，将来的净土则是一切烦恼都能解脱的境界。中国民俗之中，却是将未来之世逐渐转移为内心自己的修炼，在自己的心中从烦恼走向安静。这种内修的境界，我想是从儒家修己的观念，延伸为宗教的情操。

为了持守这种理想，中国人的民俗崇拜和传说中，对于曾经为人类造福的人物加以神化。这些人物尽力为人间造福，辛苦劳累、含冤受谤，甚至牺牲自己生命。在一般的意义上，他们是失败者，然而在中国人的心目之中，这失败者却是人心怀念的英雄。在现实之中，人间有许多不平事，人生也有许多不如意之处；但是在传说里面，中国人将那些人间的缺望长久纪念——在思念之中，也隐藏了对不平事物的裁判。民间的祭祀中，常常有当地人人参与的节庆和庙会，年年提醒有哪些该纪念的人、哪些过去犯过的错误。他们也在戏曲、歌词和各种的媒体之中，一次次述说人间的遗憾，听众为之叹息、哭泣，这正是表达对过去的评断，也是对自己的警惕。

中国的思想系统以儒家为主轴，儒家的思想是以人为本。儒家一样有祭祀，不过，祭祀是从人的角度将神与人结合。儒家虽然号称不谈怪力乱神，但实际上对自然的尊敬，对于应该感激的对象崇功报德，也具有相当真挚的宗教情绪。

除了儒家，最重要的还有佛、道两家。佛教来自印度，却经过了中亚的改造，融入了许多古代波斯孕育的祆教、摩尼教的思想。道教的形成，则是经过佛教进入的刺激，启发了中国的方术之士，将阴阳五行理论合组为建制性的宗教。中古时代，中东的启示性信仰进入中国，也是发端于古波斯这一源头，即他们所信仰的历劫和终极解脱的乐土。

中国人的信仰，不断融合了各种因素：三教合流，组成的一些民间教派，将儒家的人间性逐渐收纳；到了近代，这些宗教几乎都回归现世和人间。今日台湾，不仅宗教人间化，更有一些有心人，将人间化内向为“修己”的历程，致力自我提升，由内省克己盼望达到宁静平安的境界。这就是神圣回归于生活，凡俗升华于神圣。整体言之，上面所说，不外乎陈述中国人的精神生活，是以人为中心、以人为对象，其中超越的部分，也是将人放在枢纽的地位。更可贵者在于，这些观念只是在民间默默发展，似乎未见庙堂与学府的介入。

此处，我想刻意提出第十章，因为这一章，等于是前面九章陈述现象的综合，反映为民间喜爱的读物。一般受过中等教育的群众，未必熟悉前九章所陈述的现象，却可以从第十章中的四部小说，理解民俗行为与文本之间的互动。我以为施耐庵借用原本是传说的资料，一方面陈述梁山是一个社会底层群众追寻理想的故事，他们梦想建立一个平等而又能够参与当世的新世界。可现实情况是，明代的专制政权，以及上层与下层之间的隔离，终于令人失望。于是，《水浒传》的第二部分，乃是“梁山”的破灭：曾经参与构建梦想的重要角色，有的死了，有的遁入空门，有的乘桴游于海外，有的流浪不知所终。

罗贯中的《三国演义》，以三国鼎立为背景，在正邪、忠奸种种对立之中，构建了两个偶像：诸葛亮的忠诚和智谋，关羽的义气和勇武。为了建构这两个几乎完美的形象，他移花接木，将一切值得钦佩的事件放在他们身上。罗贯中的构想，大概是另一种“他世”：将人与人之间自己选择的“义气”，当作维系人间的纽带。整部《三国演义》，无非是“义”与“不义”之际的对照——义的代表人物失败了，义的光辉却炳耀千古。

明代中期，现世种种令人失望的制度和行为，又刺激了《封神演义》的作者。在这一部神怪小说中，预设了矛盾、协和以及秩序的出现。在这一个终结以前，必须经历正与邪、神与魔、忠与奸以及善与恶的种种对抗；斗争结束之后，所有参加斗争的人物和精怪，却是一体列入新的神庭，分工掌管宇宙间的一切。神魔对抗的大战，其后果不是一方压倒另一方，却是在预设的佛、道两家理想融合之下，出现一个整然有序的新宇宙。

第四部小说《西游记》，吴承恩将唐僧西游求经的故事，改编成个人追求至上和解脱的心路历程。小说中，他合并佛家和道教的教义，还有儒家心学的成分，以西行途上的八十一难，象征人在自己修持过程中所要经历的考验，也就是到达至善之境以及解脱以前，必须克服的种种诱惑和错误。最后的结局，却是佛教禅宗的最高境界：悟解一切感官与意念的虚妄，终于达到了“究竟涅槃”，完全的解脱。在那一刻，文字和语言的教导，都已经不需要了。

将这四部书合在一起，他们塑造的人物和情景，为中国民俗思想提供许多资源。那些英雄，到今天还是大家崇拜、仰慕的对象。中国民间想象的神庭，还是封神故事的那些神明，分别管理我们的现世生活和未来的解脱。《西游记》中，瑰异的人物和情节，到今天还是一般百姓经常谈论的故事。

这四部书的作者并不完全在社会的底层，他们是知识分子，也是社会中下层的边缘人。于是，他们的教育背景和知识水平，竟可以将儒、道、佛三家的思想转输于民间；民间经过说唱戏剧等，将这些原本相当精微的观念，也吸收为一般人对于世界种种变化的解释。米尔恰·伊利亚德曾经将“圣”与“俗”之间的差别，当作西方独一真神教义的重要条件。然而，在中国宗教的发展中，神圣可融入凡俗，凡俗也可以升华为神圣。尤其值得注意者，《西游记》陈述的心路历程，更将超越于生命的神圣放回人的本心，开放了凡人可以自求解脱的可能性。

综合本书各章陈述的内容，我们可以看出，中国人的精神形态是多元互动，从接触而融合。于是，许多的对立都可以完成辩证性的转变。在如此转变过程之中，又经常顾虑到不要过分——过犹不及，在钟摆的两边摆动太多，即可能颠覆了辩证的过程。中国人的精神生活是内发的，也就是人自己从观察到感觉，以至酝酿、吸收，最后到达内心的觉悟。这种精神生活，其特点是最终能够达到圆融的境界。如此种种特点，大概不可能在短时间内形成。中国人能够逐渐形成如此的精神心态，大概由于从新石器时代以来，这一个大的文化共同体，在每一个阶段都经历过不同内涵的个别文化彼此接触、调节、共存以至融合。如前面所说，这块土地上不同地区因为天然环境的差异，曾经发展过不同的信仰方式和不同的生活习惯。区域之间的融合，构成了中国文化的主要部分。然后，又与域外不断接触，从中东、印度、欧洲引进了那些地区文化的成分，成为中国文化采撷的养分以丰富自己。

这种经验，别处的主要文化系统，也曾经有同样的经历。今天的现代文化，毋宁是全球化长程转变的一个阶段。如果回溯古代的起源，也是多源的发展中不断地和附近其他文化接触及相互影响。中亚、南亚、中东、地中海、欧洲大陆，都曾经有过同样的融合过程。现代文化本身，是这许多源头的综合，又经过近代的巨大转变，尤其现代科学的发展，将这许多来源不同的文明因素，组合为现代笼罩世界的全球文化。

这一现代文明建构的过程，相对于中国的经验而言，并不非常顺畅。族群之间的斗争，信仰系统之间的斗争，经济形态的斗争，以至今天，科学文明建筑在旧文明上面的种种制度，其间都有格格不入之处。

本章开头曾经说过，现代文明正在进入一个非常紧张的转变关头，甚至可以说到了一个危急存亡的时刻。西方文明主宰世界，已经有三百年之久。由于西方文明本身排他的特色，这一个长时段内，西方文明已经削薄甚至毁损了许多其他文明。于是，我们必须要寻找新的因素，重觅新生。此时，环顾全世界，能够对西方文明提出针砭的文化系统，只有中国这一处了！

可是，中国这一处也曾经走过将近两百年的颠簸和挫折。中国文明自己也已经丢失了不少可贵的因素。本书撰写的目的，是在反省中国文明本身的情况，看看是否能够还有剩下的一些余沥，足以挹注和灌溉正处于危机中的现代文明。从本书列举的项目来看，中国文明还是颇有可贵之处，正可以补足和匡正现代文明正在面临的危机。凡此发展，亦即本书各章所叙述的人与自然的关系，自然之中多元互动寻找均衡的状态，以及人在群己之际关心淑世的境界，对于理想境界的向往，反映其道德需求的正义、公平。凡此，都可以互相贯串，彼此扶掖。

本书前言特别提到，费孝通的差序格局和杨庆堃的市场互动，这两项从社会调查找出来的结构模式，前者反映着从个人延伸到各个层次的群体，后者呈现网络系统中多元互动的状态。前言也提到冯友兰的“贞元六书”，他的新原人、新理学和新道统，从中国哲学思想的发展过程，推测他所盼望到达的总结论。简而言之，是人与自己、人与群体、人与自然这三个层面的关怀。在本书各章中，如前所述，儒、道、佛三家主要思想系统，以及混合三家的努力，其发展遵循的方向大致包括从修己逐步推向群体，最终使个人与人类总体建构为连续不断的连接线。而人与自然也不外乎是将天理、世道和人心三层的重叠，与三层之间的延续和感应，连接为整体的多向度空间体系。此外，慎终追远，回溯过去同时也承先启后、展望未来，将时间轴也拉成延续不断的延线——广宇长宙，都着落在以本身为中心点的巨大时空结构之中。

这种精神心态，即每个个人自尊自重，还要尊重宇宙的有情。于是一己的良知，也就是心，得以开展。从这个中心

点，与任何其他人为中心的巨大结构叠合为一。宇宙与人既然是一体，人就不应当无穷剥削宇宙，为了自己的享受予取予求，终于损伤了寄生立命的自然环境。现在常常听到“永续经营”的呼声，可惜人心的贪欲无止尽，温饱之外犹要求更丰盛、更舒适的生活，而不知节制——现代科技本身即寄托在大量消耗能源和资源之上。这种浮士德的精神，追逐而无节制，不幸正在引领人类一步步走向毁灭。

现代的工业化和资本主义，是从十八、十九世纪现代的工业革命继承而来。那时候的心态，是牛顿力学的绝对主义，总以为人类知识可以完全理解一切。二十世纪以来的相对论和量子力学的观念，却让我们必须反思：我们是不是可以更谦虚一点？至少承认我们所见所知，只是巨大的未知之中，非常微小的小角落？而且，这个小角落的知识，有多少是出于我们的主观，又有多少是出于我们观察工具的限制？这种知性上的谦虚，我想也是古代印度和中国两个文化系统可以提供给今日世界作为针砭的药剂。

总而言之，本书陈述中国人的精神生活，经过几千年的吸收、锤炼和消化，趋于全盘融合、互相呼应的状态。与刚才说到西方现代文明面临的窘况相比，我们应有信念：中国文化特有的精神心态，或可匡补现代文明面临的缺失；两者融合，能够开发出一个真正的世界文明。中国式的个人与群体、个人与自然，以及个人居为广宇长宙起点的结构，仍旧可以撷取西方个人主义中强调个人尊严，以及自由、平等的观念。中国与西方两种文明互相配合，以激励个人、自尊自重，使修己的工作更能以慎重庄严的态度，致力自我提升，最后经过推己及人走向人类的大同——“天人一体”，体现个人与自然之间的一致性。

本书的推演过程，与冯友兰“贞元六书”的取径并不相同。冯氏是哲学大家，他的演绎是在思想史途径上进行，我则是从老百姓的日常生活中，汲取其各个层面的行为，归纳为这一章的结论。从十九世纪末，中国面对西潮几乎没顶，中国人不得不寻找安顿自己身心的理念。“贞元六书”问世，正是在中国危急存亡之际，虽在战败国亡的边缘，中国人还汲汲于追寻安身立命之所。从四十年代到现在，又已超过半个世纪，本书所陈述的一些现象有些已经不在，例如，社区性的社会福利工作，现在已经由国家揽取其权力，又如，美学部分我所取材的诗词，在今天的年轻人所受教育中已经不很熟悉。但是，一般老百姓的心愿祈祷，形之于济世和信仰，也反映于戏曲和传说，却没有太大的变化。中国人日常生活中饮食、医药、居住，所重视的多元和谐，求均匀而忌偏差，趋中和而不过分，种种观念，依旧可见于中国人的思想和行为中。以这些作为素材，我所归纳的一些现象，或许离题并不遥远。晚年衰病之时，我汲汲于撰述，也只不过是希望以愚者之一得，呈献当世，在现代文明面临贞元之际抛砖引玉，以邀时贤进一步讨论。